INHALT

1. Teil: Die Kollegen im Allgemeinen

2. Teil: Die Kollegen und ihre fiesen Machenschaften

3. Teil: Die Kollegen und ihre Macken

4. Teil: Die Kollegen und der Flurfunk

Hauke Brost

WIE DIE LIEBEN KOLLEGEN TICKEN

111 Fakten fürs Überleben im Haifischbecken

Schwarzkopf & Schwarzkopf

SIE – DIE FRAU

Zwei Frauen packen über das weibliche Geschlecht aus:
Eine liebevolle Gebrauchsanweisung!

»Eine Frau ist ein weiblicher erwachsener Mensch und das geschlecht-liche Gegenstück des Mannes.« Diese Definition hilft leider kaum, sich in der grotesken Welt des Weiblichen zurechtzufinden. Es soll zwar Frauenversteher geben, aber diese verwirrten Männer geben sich leider nur einer Illusion hin, um vielen Frauen möglichst nahezukommen.

Richtig Ahnung vom weiblichen Wesen haben von Natur aus nur Frauen. Sie können erklären, warum Frauen trotz Diät Süßigkeiten in sich reinstopfen, nie etwas zum Anziehen haben (abgesehen von den 3 Millionen Kleidungsstücken im Schrank) und niemals direkt sagen, was sie wollen, sondern erwarten, dass es ihnen von den Augen abge-lesen wird. Dieser witzige Ratgeber ist unerlässlich, wenn Sie mit dem Gedanken spielen, sich eine Frau anzuschaffen oder gar schon ein Ex-emplar besitzen. Schließlich wollen Sie Fehlanschaffungen vermeiden und die erworbene Frau zu Ihrem Vorteil nutzen.

Mit Hilfe der Autorinnen werden Sie Ihren Lieblingsfrauentyp in Zukunft schnell finden. Nach der Anschaffung folgen zwangsläufig Fragen der Haltung: Wie unterbinde ich ihren Dekorationsfimmel? Wie soll ich mich verhalten, wenn sie nach einem Friseurbesuch grauen-haft aussieht? Diese und andere Probleme kann ein Mann durch die richtige Erziehung seiner Frau meistern und sich zusätzlich das Leben erleichtern.

SIE! – DIE FRAU
Ein liebevoller Leitfaden. Von Kerstin Matthies & Mariann Ludewig
200 Seiten, Taschenbuch, 978-3-89602-851-8
9,90 EUR | Erscheint im September 2008

Hauke Brost
WIE DIE LIEBEN KOLLEGEN TICKEN
111 Fakten fürs Überleben im Haifischbecken

ISBN 978-3-89602-790-0

© Schwarzkopf & Schwarzkopf Verlag GmbH, Berlin
1. Auflage Juli 2008

Alle Rechte vorbehalten. Dieses Werk ist urheberrechtlich geschützt.
Jede Verwendung, die über den Rahmen des Zitatrechtes bei korrekter
und vollständiger Quellenangabe hinausgeht, ist honorarpflichtig und
bedarf der schriftlichen Genehmigung des Verlages.

KATALOG
Wir senden Ihnen gern kostenlos unseren Katalog.
Schwarzkopf & Schwarzkopf Verlag GmbH
Kastanienallee 32, 10435 Berlin
Telefon: 030 – 44 33 63 00
Fax: 030 – 44 33 63 044

INTERNET | E-MAIL
www.schwarzkopf-schwarzkopf.de
info@schwarzkopf-schwarzkopf.de

5. Teil: Die Kollegen und ihr Doppelleben

6. Teil: Die Kollegen und ihr Sex

7. Teil: Die Kollegen und ihre Gemeinheiten

8. Teil: Die Kollegen, ihre Seilschaften und Netzwerke

9. Teil: Die Kollegen und ihr Image

10. Teil: Die Kollegen und ihre Weichteile

VORWORT

Der Kollege als solcher ist wirklich ein netter Typ. Zumindest auf den ersten Blick. Man muss nämlich schon genauer hinschauen, um sein wahres Gesicht zu erkennen. Denn hintenrum stellt er uns, also den Guten, den Leistungsträgern, allzu gern ein Bein. Er lauert wahrscheinlich nur darauf, dass wir Fehler machen, und wird sie umgehend zum eigenen Vorteil nutzen. Er quatscht vermutlich alles weiter, was wir ihm anvertrauen. Er petzt, er schleimt sich ein, er verbreitet Halbwahrheiten und belästigt uns mit seinen schlechten Gewohnheiten. Zumindest gilt das für sehr viele Kollegen. Und jeder von uns hat für diese These einige Beispiele im Kopf.

Seine Ahnungslosigkeit übertüncht der Kollege mit arroganter Besserwisserei. Er ist stinkfaul und unauffindbar, wenn Arbeit droht. Im Tarnen, Täuschen und Verpissen ist er Meister. Wenn aber ausnahmsweise mal etwas klappt in der Firma, dann war es garantiert sein Verdienst. Kurzum: Dem Kollegen als solchem wünschen wir vollkommen zu Recht die Pest an den Hals.

Das Leben könnte so schön sein! Wir könnten das kakerlakenähnliche Wesen namens Kollege sogar ignorieren und uns künftig nur noch auf die Arbeit konzentrieren. Aber es gibt da ein Problem.

Chefs haben nämlich eine Vorliebe für Kakerlaken. Tausendmal flöten sie uns, also den Guten, den Leistungsträgern, ins Ohr: »Herr Meier, ich *liebe* Ihren Widerspruchsgeist! Ich bin von *so vielen Ja-Sagern* umgeben! Solche Querdenker wie Sie, die braucht die Firma!« Sprüche wie diese sind verlogen. Glauben Sie kein Wort davon. Denn wenn es um die nächste Gehaltserhöhung oder um den besseren Job geht, dann ist der Kakerlaken-Kollege dran. Wir aber, die Guten, die Leistungsträger, wir gucken in die Röhre.

Noch fieser als der Kollege ist nur – die Kollegin. Da sie eine Frau ist, kann sie natürlich viel besser intrigieren. Sie ist klatschsüchtig und durchtrieben, scheinheilig und falsch. Entweder ist sie potthässlich und kann sich deshalb selber nicht leiden, oder sie setzt ihr

Äußeres schamlos als Waffe ein. Sie tratscht, sie lügt, sie spielt den einen gegen den anderen aus und verbringt mindestens die Hälfte ihrer Arbeitszeit mit Tätigkeiten, für die sie nicht bezahlt wird. Treten wir die Kollegin in die Tonne und drehen der Tonne den Rücken zu, so geht der Deckel wieder auf und wir haben ein Messer im Rücken. Na, an wen denken Sie gerade?

Aber Moment mal! Gibt es ihn denn gar nicht mehr: den fairen, fröhlichen, kompetenten Kollegen, mit dem wir abends gern noch ein Bierchen trinken gehen, dem wir unsere Frauen anvertrauen können und den wir jederzeit zum Grillen in unseren Garten einladen würden? Gibt es sie denn gar nicht mehr: die gute Kollegin, die eine Freundin ist, die uns immer zur Seite steht, die uneitel und gewissenhaft ihren Job macht und die uns vor Gefahren, wenn mal welche drohen, rechtzeitig und ohne Hintergedanken warnt? Die Kollegin, mit der man als Frau gern nach Feierabend shoppen oder auf Männerschau in eine Bar geht?

Doch: Es gibt sie. Beide. Aber leider sind sie bei der Konkurrenz. Und wenn sie tatsächlich bei Ihnen im Betrieb arbeiten sollten, was eher unwahrscheinlich ist: Wie kann man sie denn erkennen? Die Welt ist schlecht, und das Böse schläft bekanntlich nie. Es neigt dazu, sich zu verstellen. So wie der böse Wolf im Märchen lässt sich der Kollege die Tatze mit Mehl bestreuen, legt sie auf unseren Schreibtisch und behauptet frech, er sei das liebe Mütterchen. Von wegen liebes Mütterchen.

Hinterfotzige Kollegenschweine fragen uns mit dem sanftesten Lächeln der Welt, ob sie uns aus der Kantine einen Kaffee mitbringen dürfen. Uns sind Fälle bekannt, wo sie heimlich Abführmittel hineinkippen. Karrieregeile Emporkömmlinge und mit allen Wassern gewaschene Schleimer ohne jede fachliche Qualifikation geben uns scheinbar gut gemeinte und selbstlose Ratschläge und wissen doch genau, dass deren Umsetzung letztendlich ein Desaster zur Folge hätte. Aber wir selbst, also die Guten, die Leistungsträger, wir sind einfach zu gutgläubig und ehrlich und fallen deshalb prompt darauf rein. Die fiesen Fallen der Kollegen erkennen wir regelmäßig zu spät, weil unsere volle Konzentration dem Wohle der Firma gehört und wir gar keine Zeit für irgendwelche Abwehrmaßnahmen haben.

Der Kollege als solcher sowie sein weibliches Gegenstück sind demzufolge Wesen, die man lieben oder hassen kann. Eins sollte man nicht: sie unterschätzen. Denn irgendwas führen sie alle im Schilde. Alle.

Deutschland weiß inzwischen, »Wie Männer ticken«. Nach der Lektüre dieses Bestsellers jubeln die Frauen, denn sie erkennen ihren Kerl wieder und begreifen endlich, dass andere Männer genauso simpel gestrickt sind wie er. Der Folgeband »Wie Frauen ticken« ist ebenfalls ein Bestseller, und da jubeln die Männer: Sie begreifen beim Lesen, dass andere Frauen genauso schwierig sind wie ihre eigene, und warum das so ist. Der dritte Band dieser Bestseller-Serie – »Wie Teenies ticken« – ist ein von Eltern bejubeltes Buch. Da lernen sie nämlich, dass auch in fremden Kinderzimmern ein kleines Monster wohnt!

»Wie die lieben Kollegen ticken« ist nun der ultimative Schwimmkurs fürs Haifischbecken. Sie werden so manchen Kretin aus Ihrer Firma wiedererkennen und erfahren, mit was für linken Tricks der Schlawiner arbeitet. Sie werden begreifen, warum immer die anderen eine Gehaltserhöhung kriegen. Und wie Sie es am geschicktesten anstellen, auch mal zu den »anderen« zu gehören! Dazu allerdings müssen Sie ein Arschloch werden und vor allem ganz, ganz früh aufstehen.

Trotzdem geht es in diesem Buch nicht nur um fiese Intrigen. So wurde zum Beispiel bundesweit ermittelt, was die lieben Kollegen eigentlich in ihren Schreibtischschubladen verstecken. Warum sie ihren Kaffeebecher hüten, als wäre es ihr Augapfel. Was tatsächlich bei der Weihnachtsfeier auf dem Damenklo vor sich geht. Und was passiert, wenn man die eigene Kollegin im Bordell trifft ...

1000 Interviews mit Menschen wie du und ich! Es wurden Arbeiter und Angestellte interviewt, kleine Unternehmer und hochbezahlte Manager, Abteilungsleiter und Vorzimmerdamen, Betriebsräte und Finanzbeamte, Verkäuferinnen, Klempner, Polizisten und noch viele, viele mehr.

»Wie die lieben Kollegen ticken« ist keine subjektive Meinungsäußerung, sondern das Ergebnis von Interviews am und über den eigenen Arbeitsplatz und die mehr oder weniger »lieben« Menschen, mit denen man sich da auseinandersetzen bzw. herumärgern muss.

Es gibt nur einen, dessen Kollegen in diesem Buch nicht vorkommen. Das ist der Autor selbst.

Viel Spaß beim Lesen und beim Weiterverschenken. Sie werden schon wissen, welcher Kollege dieses Buch unbedingt bekommen sollte. Aber nehmen Sie nicht jedes Kapitel tierisch ernst. Denn – wie gesagt – es gibt ihn ja: den *lieben* Kollegen.

Hamburg, im Sommer 2008

Hauke Brost
www.haukebrost.de

1. TEIL:
DIE KOLLEGEN IM ALLGEMEINEN

01 | IST DENN JEDE FIRMA EIN HAIFISCHBECKEN?

Auch wenn Sie noch keine Zeile in diesem Buch gelesen haben, können Sie jetzt schon feststellen, ob Sie karrieretauglich sind. Denn wenn Sie die Frage aus der Überschrift für überzogen halten oder gar mit Nein beantworten würden, dann sind Sie für Karriere viel zu naiv. Die richtige Antwort heißt nämlich Ja: Ausnahmslos jede Firma ist ein Haifischbecken, auch wenn das Betriebsklima super zu sein scheint.

Denn selbst in einer Minifirma, die nur aus dem Chef und zwei Angestellten besteht, wird nach der nächsten Krise nur einer seinen Job behalten. Der andere wird gehen müssen. Wer denn nun: der angeblich so nette Kollege oder Sie? Allein schon deshalb ist auch Ihre Firma garantiert ein Haifischbecken.

Gewiss: Es ist ja möglich, dass Sie sich gut mit Ihrem Kollegen verstehen. Aber Sie sind weder sein Zwillingsbruder noch seine Mama. Sie sind von Haus aus sein Konkurrent. Und Konkurrenten sind nun einmal – Gegner.

Wer das supergute Betriebsklima in seiner Firma als Gegenbeispiel anführt, hat die Prinzipien der Marktwirtschaft nicht begriffen. Die lebt nämlich vom Wettbewerb. Auf dem Markt ebenso wie intern. Es wird also nicht der beste Kollege befördert, sondern der, der sich am besten verkauft. Es ist ja auch nicht das beste Auto das meistverkaufte, sondern das mit der besten Werbestrategie und dem besten Image. Sie haben Ihre Werbestrategie und Ihr Image, und Ihr Kollege hat seine. Wer die bessere hat, der kommt weiter. Auf Kosten des anderen.

Unter einem Haifischbecken (Um mal eine Lanze für Haifische zu brechen: Keiner weiß so recht, wie sich eigentlich Haifische in einem Becken verhalten. Wahrscheinlich schwimmen sie friedlich und gelangweilt umeinander herum.) – also: Unter einem Haifischbecken versteht man eine Zwangs-Community, in der sich die einzelnen Bewohner misstrauisch beäugen und jederzeit bereit sind, andere Bewohner wegzubeißen – sofern diese sich eine gewisse Schwäche leisten, die das Risiko des Angriffs minimiert und die eigenen Erfolgschancen maximiert.

Nun geschieht das natürlich nicht bewusst. Ihr Kollege steht nicht morgens vor dem Spiegel, macht seine Kung-Fu-Übungen und schreit dabei Ihren Namen. Er hat auch keine Dartscheibe in der Garage hängen, wo er Ihr Foto auf die 12 geklebt hat. Das machen Sie (umgekehrt) ja auch nicht. Nein: Das läuft alles viel subtiler ab.

Ihr Kollege hat nicht Sie im Visier, sondern sein Ziel. Das ist doch völlig legitim! Aber wie sieht sein Ziel aus? Ganz einfach: Ihr Kollege möchte, ebenso wie Sie, langfristig mehr Geld verdienen, eine bessere Position erreichen, weniger bluten und am liebsten kaum noch arbeiten müssen, viel Erfolg mit klugen Sprüchen ernten und bei Ihren Vorgesetzten einen hervorragenden Eindruck hinterlassen, ohne dass darunter sein Privatleben leidet.

Denn er hat tatsächlich ein Privatleben. So wie Sie. Also gibt es überhaupt noch keinen Grund, ihn für ein Arschloch zu halten, denn diese Zielsetzung haben Sie ja gemeinsam. Aber wer kriegt den Job denn nun, wenn es zwei Bewerber gibt und Sie sind einer davon? Die Antwort heißt: Das größere Arschloch kriegt den Job. Und deshalb ist es wichtig, dass wir, also die Guten, auch ein bisschen Arschloch werden. Und dass wir andere, noch größere Arschlöcher in der Firma mit schlafwandlerischer Sicherheit erkennen. Da kommt das nächste Kapitel gerade recht.

02 | WIE ERKENNT MAN
EIN KOLLEGEN-ARSCHLOCH?

Im Baukasten »Wir basteln uns ein Arschloch« wäre dies sozusagen die erste Übung. Denn wer ein Kollegen-Arschloch erkennen will, muss zunächst einmal einiges über das Arschloch wissen.

Am besten lesen Sie dieses Kapitel mittags in der Kantine, und zwar möglichst laut und unbedingt mehrmals hintereinander. Sie behalten dann einfach mehr davon im Kopf. Gut ist auf jeden Fall, wenn möglichst viele Kollegen und Vorgesetzte Ihnen dabei zuhören. Nachteile müssen Sie nicht befürchten. Denn jedes einzelne Kollegen-Arschloch hat die Eigenschaft, sich selbst für ehrlich, aufrichtig und leistungsstark zu halten. Merke: Das Arschloch ist man niemals selber! Sie können dem Arschloch alles Mögliche über Arschlöcher an den Kopf werfen. Es wird Ihnen voll und ganz beipflichten!

Das Arschloch erkennt man zunächst einmal am Gang. Achten Sie bitte darauf: Das Arschloch geht niemals gedankenverloren und scheinbar ziellos über den Flur. Es geht auch niemals an der Wand entlang; das machen nur Verlierer. Das Arschloch stürmt auf dem Mittelstreifen.

Immer hat das Arschloch einen wichtigen Auftrag, der sofort erledigt werden muss. Ja, es gibt sogar Arschlöcher, die hinten Augen haben! Sobald sie sich beobachtet fühlen, beschleunigen sie ihren Schritt. Sie rennen fast. Dabei tragen sie die Nase grundsätzlich hoch und immer irgendwas unterm Arm. Chefsache. »Unser Arschloch hat es immer eilig«, sagt eine Sekretärin aus der Versicherungsbranche. »Irgendwie weiß jeder, dass dieser Kollege überbezahlt und unterbeschäftigt ist. Aber er schafft es doch immer wieder, dass der Chef ihn für wichtig hält.«

Eine kleine Firma im Schwäbischen, sie handelt mit Kühlaggregaten aller Größen; nennen wir sie Fa. Schäuble*. Dort arbeitet ein Arschloch mit ausgezeichneten Delegier-Qualitäten. Das heißt: Es verteilt den ganzen Tag über Aufträge an andere, statt auch mal

---

* Alle Namen in diesem Buch sind so geringfügig verändert, dass sich die Leute garantiert wiedererkennen.

selber was in Angriff zu nehmen. Sein Trick: Es hat stets Order von oben! »Schäuble möchte …«, oder: »Gruß von Schäuble, und er bittet Sie …«, oder: »Ich sprach neulich mit Schäuble und da haben wir für dieses Problem Sie ausgeguckt …« So geht das den ganzen Tag. Drei Viertel davon sind natürlich frei erfunden; Herr Schäuble weiß gar nichts davon. Aber nur hinter vorgehaltener Hand wagen es die Kollegen, das Arschloch zu imitieren. Dann gucken sie verschwörerisch und murmeln: »Kommt von Schäuble.« Wobei nicht einmal klar ist, ob sie das ironisch meinen!

Es gibt sogar Arschlöcher, die kennt gar keiner. Die kommen natürlich nur in größeren Firmen vor. Man weiß eigentlich gar nicht, wofür sie eingestellt worden sind. »Hast du 'ne Ahnung, was der bei uns macht?«, fragen die Kollegen, wenn sie im Lift auf die 7 gedrückt haben und das Arschloch – hektisch wie immer – im 4. Stock verzweifelt auf den »Tür zu«-Knopf hämmert und im 5. Stock wie von der Tarantel gestochen rausflitzt. »Nee. Keine Ahnung.« Aber Arschlöcher dieser Kategorie rennen stets geschäftig und hochnäsig hin und her, schubsen uns (die Guten) am Kopierer beiseite, drängeln sich in der Kantine vor und setzen sich garantiert an den Tisch vom – nein, nicht vom Chef; dafür sind sie zu unwichtig. Sie setzen sich an den Tisch von demjenigen, der ihnen die Tür zum Chef öffnen soll! Vielleicht zu seiner Sekretärin oder zum Vorarbeiter oder zum Abteilungsleiter. Niemals würden sie sich zum Beispiel mit dem Azubi an einen Tisch setzen, denn der kann sie nicht weiterbringen. Das Arschloch tut niemals etwas ohne Hintergedanken.

Das Arschloch hat es aber nicht nur eilig. Es hat auch eine ganz bestimmte Kopfbewegung drauf. Stellen Sie sich mal ein Meeting vor (so nennt man heutzutage diese langatmigen und nutzlosen Besprechungen, bei denen sich die Arschlöcher profilieren dürfen und wir, die Guten, kaum zu Wort kommen). Jetzt äußert irgendjemand eine Meinung. Man weiß noch nicht genau, was der Chef dazu sagt: Wird er den Vorschlag abnicken, oder wird er ihn in der Luft zerreißen?

Das Arschloch hat in diesem Moment ein Problem. Einerseits will es nicht den Eindruck erwecken, ein Schleimer zu sein. Andererseits will es keinesfalls einen Kommentar abgeben, der vielleicht der Meinung des Chefs widersprechen könnte. Also entscheidet es

sich für die »Arschloch-Kopfbewegung«, die zum Karrieremachen ganz wichtig ist: Nicken und Kopfschütteln mit einer einzigen Bewegung!

Versuchen Sie es mal selbst: Wie nickt und kopfschüttelt man gleichzeitig? Sehen Sie. Geht doch! Schon oft gesehen, war Ihnen aber vermutlich noch nie so bewusst. Das ist so eine schwankende Kopfbewegung, wie man sie von BSE-kranken Rindern kennt: Halb Nicken, halb Kopfschütteln. So lange, bis der Chef seine Meinung äußert. Dann kann man daraus ein Nicken machen (wenn der Chef den geäußerten Standpunkt unterstützt) oder ein Kopfschütteln (wenn er den Standpunkt für vollkommen falsch hält).

Also: Sie erkennen das Arschloch erstens am Gang und zweitens am BSE. Geht aber noch weiter. Das Arschloch kopiert den Chef bis zur Lächerlichkeit. Der Boss trägt gern Schwarz? Gehen Sie davon aus, dass die Arschlöcher in der Firma ihre weißen Hemden umgehend in die Mülle treten. Oder dies: Der Boss hat eine bestimmte Geste drauf. Zum Beispiel: Wenn es Stress gibt und er sich richtig konzentriert, dann wirft er die Krawatte mit sattem Schwung über die linke Schulter, damit sie ihn nicht behindert (so ist das in der Beraki GmbH, einem der bekanntesten deutschen Architektenbüros).

Das Arschloch wird diese Geste garantiert kopieren und sich bei jedem Scheiß den Schlips um die Ohren hauen! Kann auch sein, dass der Chef die Hemdsärmel immer einmal umkrempelt, aber nicht bis zum Ellenbogen. Oder dass er die Uhr rechts trägt, siehe eine längst vergangene Epoche bei VW in Wolfsburg. Achten Sie mal drauf, wer das als Erster nachmacht! Sehen Sie – schon wieder ein Arschloch.

An der Automarke kann man das Arschloch auch erkennen. Fährt der Boss zum Beispiel einen 7er BMW, würde sich das Arschloch niemals einen Benz kaufen. Aber auch keinen 7er, selbst wenn es die Kohle hätte. Das Arschloch fährt dann listig einen 5er. Oder einen 3er. Das signalisiert dem Chef: Hey, ich bin aus dem gleichen Holz wie du! Aber ich maße mir nicht an, gottgleich zu sein! Du bist der Boss. Ich schaue zu dir auf. Hoffentlich merkst du, Gott, wer deiner würdig ist. Mit wem kannst du sonst über die Vorteile von BMW gegenüber Benz usw. plaudern?

Das geht natürlich auch in jeder x-beliebigen Hausmeister-Firma, wenn der Chef einen Golf fährt. Das Arschloch holt sich dann auch

einen Golf, aber nicht so einen geilen. Vielleicht – noch besser – nur einen Polo, um nicht anmaßend zu erscheinen. Haben Sie schon mal darüber nachgedacht, wie viele Karrieren auf dem Firmenparkplatz entschieden werden? Sie fahren wahrscheinlich das Auto, das Ihnen gefällt, stimmt's? Tja: Es ist ja Ihre Karriere.

Das alles treibt manchmal seltsame Blüten. Hin und wieder geht es nämlich nicht nur um die richtige Automarke, sondern sogar um das richtige Kennzeichen! In der Gegend von Mainz gibt es eine Firma, deren Name mit einem E und einem Z beginnt. Der Chef ist sehr stolz darauf, einen Jaguar mit dem Kennzeichen MZ-EZ 200 zu fahren. Weil er ja nun seine Firmen-Initialen im Kennzeichen hat. Da gab es nun einen jungen Mitarbeiter, der kaufte sich ein altes Golf-Cabrio. Und weil seine Freundin bei der Zulassungsstelle arbeitete, bekam er das Kennzeichen MZ-EZ 500. Also auch mit den Initialen vom Chef. Sogar mit einer noch schöneren Zahl dahinter. Der junge Mann hielt das doch tatsächlich für eine hervorragende, karriere-förderliche Idee!

War es aber nicht. Der Chef lächelte äußerst säuerlich. Die 100 oder maximal die 150 im Kennzeichen wäre okay gewesen, aber gleich die 500? Dem jungen Kollegen wurde die Probezeit verlängert. Aber nur einmal. Danach tat es allen Beteiligten furchtbar leid, dass man doch nicht so gut wie erwartet zusammenpasste.

Lächerlich? Ja, stimmt. Trotzdem die Wahrheit. Sie müssen das alles nicht toll finden. Aber Sie sollten schon ein bisschen mit-schwimmen können im Haifischbecken. Also achten Sie bitte auf Ihr Kfz-Kennzeichen.

Der hastige Gang, eindeutige Symptome von BSE und das schim-pansenhafte Chef-Kopieren: Wahrscheinlich haben Sie schon eine ganze Reihe von Kollegen im Kopf, während Sie das gelesen haben. Aber nun kommen wir mal zu den Netten.

03 | WARUM DARF MAN ÜBERHAUPT KEINEM KOLLEGEN TRAUEN?

Auf jeden Fall können Sie dem Kollegen aus der Personalabteilung trauen, der Ihnen eines Tages zum Abschied Ihre Arbeitspapiere aushändigen wird. Der meint es wirklich ehrlich, wenn er sagt: Sie sind raus, und ab morgen läuft der Laden ohne Sie! Wie schön, dass endlich mal jemand aufrichtig zu Ihnen ist.

Aber Scherz beiseite. Wenn unstillbare Harmoniesucht eine Ihrer herausragenden Schwächen ist, werden Sie schon vor diesem schicksalhaften Kündigungstag die Suche nach dem sogenannten lieben Kollegen, dem Sie vertrauen können, aktiv vorantreiben. Zwar werden Sie dabei mit hoher Wahrscheinlichkeit immer wieder enttäuscht: »Es irrt der Mensch, solang er strebt« (Goethe). Und Sie streben ja nun mal nach Harmonie.

Sie suchen also einen Kollegen, der ungefähr so gutherzig ist wie Sie? Der Ihnen niemals eine böse Falle stellen würde? Der Sie vielleicht sogar selbstlos vor solchen Fallen warnt? Der ein Geheimnis für sich behalten kann und der auch mal mit Ihnen über seine eigenen Schwächen spricht, der also seinerseits Vertrauen aufbaut? Ja: Solche Kollegen gibt es! Nur kann man auch mit ihnen bisweilen böse Enttäuschungen erleben.

»Ich fand meine neue Kollegin Beate von Anfang an sympathisch«, erzählt die Verkäuferin einer Herrenboutique, die in einer Seitenstraße der Düsseldorfer Kö zu finden ist. »Ich habe ihr am Anfang auch richtig geholfen und sie mit allem vertraut gemacht, was man hier so wissen muss. Sie war total dankbar und wir waren ein paar Mal zusammen was trinken. Ihr Freund ist vorbestraft wegen Einbruchs; das hatte sie unserem Chef bei der Einstellung verschwiegen, aber mir hat sie es anvertraut. Und all so was. Na ja, wir hatten uns richtig angefreundet. Dachte ich jedenfalls ... So nach und nach hab ich ihr auch was von mir erzählt. Wie meine Ehe den Bach runterging, von der Abtreibung und von meinen Allergien. Und von meinen Pilzen in der Scheide. Alles Sachen, die eigentlich keinen was angehen. Also, wir verstanden uns echt gut. Bis diese neue Filiale in Köln aufgemacht wurde. Dass eine von uns dort Chefin wird, war

klar. Aber wer? Wir wollten beide den Job. Und als ich dann mein entscheidendes Gespräch hatte, kriegte ich vom Chef alles zu hören, was ich Beate erzählt hatte. Er meinte, ich solle erst mal meine Probleme in den Griff kriegen. Inklusive der Scheidenpilze. Neue Chefin in Köln ist – Beate.«

Man kann daraus lernen. Natürlich dürfen Sie in der Firma Freundschaften schließen. Natürlich dürfen Sie sich privat mit Kollegen treffen. Natürlich dürfen Sie sich öffnen. Nur: Hören Sie mehr zu, als Sie erzählen! Kriegen Sie mehr raus, als Sie preisgeben! Beißen Sie sich lieber zweimal auf die Zunge, bevor Sie sich irgendwie angreifbar machen! Und erzählen Sie niemals, wirklich niemals einer Kollegin irgendetwas von Ihren Scheidenpilzen.

Nun ein positives Beispiel. »Ich bin echt mit allen Wassern gewaschen und kenne die Behörde seit über 20 Jahren in- und auswendig«, sagt Christian (44), der im Rathaus einer hessischen Kleinstadt Bauanträge bearbeitet. »Aber kürzlich ist mir doch ein Fehler passiert. Es war so: Ich hatte mich mit einem Bauherrn angelegt, der nicht nur Mist gemacht hatte, sondern auch noch patzig war. Da habe ich auf stur geschaltet und ihn erst mal am langen Arm verhungern lassen. Wie man das eben hin und wieder einmal so macht als Beamter. Irgendwann kam dann ausgerechnet mein Intimfeind ins Zimmer, also ein Kollege, mit dem ich mich noch nie verstanden habe. Er meinte: Du, sei vorsichtig. Die reden schon über dich. Diese Akte, wo du keinen Bock drauf hast: Das ist der Schwager vom Chef. Nur mal so als Tipp.« Und schon war er wieder draußen. Also ich muss sagen: Donnerwetter. Das hätte ich dem nicht zugetraut, dass er mir so einen Gefallen tut. Ich hätte ja in Teufels Küche kommen können, wegen Aktenverschleppung und so.«

Und jetzt kommt, was jeder aus seiner eigenen Firma kennt: »Na ja, ich hab mich natürlich revanchiert. Beim nächsten Meeting in der Behörde hab ich ihn als gutes Beispiel genannt, wie man auch als Beamter kreativ und unbürokratisch arbeiten kann. Er hat mir so einen Blick zugeworfen nach dem Motto: Aha, ist angekommen, jetzt sind wir quitt – ja, so läuft das.«

Ja, so läuft das wohl. Und man könnte kotzen. Begann der vorletzte Absatz mit den vier Worten: »Nun ein positives Beispiel«? Das ist natürlich nicht so! Dies war nun wirklich kein positives Beispiel,

sondern lediglich ein neuerlicher Beweis dafür, dass Hilfestellung unter Kollegen niemals aus reiner Gutmenschlichkeit geleistet wird. Sondern weil man dafür etwas zurückhaben möchte. Aber versuchen wir es doch unerschrocken noch einmal. Nun also wirklich ein »positives Beispiel«.

»Ich hatte einen Mentor, als ich noch ein Trainee war«, erzählt Jörg K., der heute (mit 42 Jahren) Chef einer 200-Mann-Firma für das Catering von Fluggesellschaften ist. »Er wusste alles, und ich war total neu in dem Business. Immer wieder hat er mir Ratschläge gegeben, die ich teilweise für schwachsinnig hielt (heute nicht mehr). Ich habe mich durchaus nicht an alle gehalten. Aber wenn ich mal kurz vorm Hinschmeißen war, dann bin ich erst zu ihm gegangen. Seine Tür war immer offen. Er hatte immer Zeit. Meistens hat er mir dann eine Brücke gebaut, sodass ich doch nicht hinschmeißen musste. Und was der draufhatte! Wenn ich für irgendwas drei Nächte gebraucht habe, dann hat er das in 20 Minuten erledigt, und es war Weltklasse. Er hat mich echt aufgebaut und langsam mit allen Tricks vertraut gemacht. Er hat mir auch beigebracht, wie man mit Krisen umgeht. Er war so abgeklärt, das war der Hammer. Den hat echt nichts aus der Ruhe gebracht. Ich schaue heute noch zu ihm auf.«

Aber was ist aus dem Mann geworden? Vermutlich wurde er längst auf dem Schrottplatz für langgediente Mitarbeiter entsorgt. Eingesargt auf dem menschlichen Dampferfriedhof, wo heutige Jungdynamiker in Führungspositionen gern die gesammelte Kompetenz von 30 oder mehr Berufsjahren verrotten lassen, anstatt sie konsequent zu nutzen und entsprechend zu honorieren.

Erfahrung, Gelassenheit, gekonntes und gelerntes Krisenmanagement sowie das in Jahrzehnten angelernte und gewachsene Über-den-Tag-hinaus-denken-Können sind zwar Tugenden, die jeder junge Manager gern selber hätte. Aber wenn er sie bei einem in Ehren ergrauten Untergebenen findet, wird er ihn so schnell wie möglich aus dem Geschäft drängen und sich stattdessen mit lauter gleichgeschalteten Ja-Sagern umgeben, die ihm mit an Hörigkeit grenzender Einschleimerei um den Bart streichen. Das ist die traurige Realität in deutschen Firmen. Also: Was ist aus ihm geworden?

Jörg K. sagt: »Er arbeitet noch hier in unserer Firma. Allerdings bin ich jetzt der Boss. Wenn er aber etwas sagt in einem Meeting,

dann höre ich darauf. Ich meine: Er hat manchmal auch schwachsinnige Ideen, die total von gestern sind. Aber ich kann ihn nicht
so niedermachen, wie ich das mit anderen machen würde. Er hat
irgendwie Rentnerschutz bei mir. So wie Welpenschutz, nur eben
andersherum, auf Alte bezogen. Der Typ hat dazu beigetragen, dass
ich heute den Vorstand leite. Er hatte damals nichts davon. Aber
solange ich Einfluss habe in der Company, wird dieser Mann seinen
Platz haben und nicht auf der Straße sitzen.«

Es sei dieses schöne Beispiel erwähnt für eine gewisse Dankbar-
keit, die möglicherweise auch Ihr Chef irgendeinem Fast-Rentner
gegenüber empfindet. Und die er pflegt. Chefs, das dürfen Sie nie
vergessen, waren auch mal Azubis. Ganz kleine, unwichtige Teile
des Systems, in das sie erst noch hineinwachsen wollten. Aber hören
wir doch mal jenen »Fast-Rentner«, der jetzt unter der Führung seines Ex-Azubis immer noch in derselben Firma arbeitet.

»Der Jörg, jaja, der hat bei mir gelernt. Und heute ist er mein
Chef«, sagt Broder B. und grinst. Fast sieht er selbst wie ein Fir-
menchef aus. Er hat graue Schläfen, trägt einen exakt sitzenden
Maßanzug und ist braun gebrannt. Aber er hat nur ein kleines Arbeitszimmer und muss sich die Sekretärin mit neun anderen Kollegen teilen; sein ehemaliger Azubi hat vier Sekretärinnen nur für sich
allein. »Das ist schon ein merkwürdiges Gefühl, unter dem eigenen
Azubi zu arbeiten. Aber ich komme damit gut zurecht. Ich habe ihn
immer gemocht. Schon damals, als er noch nicht mal Abi hatte und
bei mir ein Praktikum machte. Da war Substanz. Das hab ich gleich
gespürt. Der war heiß, der brannte. Na ja, ich habe ihm ein bisschen geholfen. Das machst du doch nicht aus Kalkül heraus, oder
weil du irgendwie taktierst! Na gut, heute: Heute bietet keiner mehr
so eine richtige Ausbildung. Heute geht es nur noch darum: Wie
kann man möglichst schnell billige Arbeitskräfte heranzüchten, damit die Rendite stimmt. Shareholders Value ist das Vaterunser. Aber
in den 80ern, da haben wir noch richtig ausgebildet. Da haben wir
Werte vermittelt und auf Qualität Wert gelegt. Ich hatte doch keine
Ahnung, dass der es mal so weit bringt, der Jörg! Aber was mich
freut, ist dies: Normalerweise wäre ich doch schon lange weg vom
Fenster. Heute gehörst du mit fast 60 zum alten Eisen, und fast alle
aus meiner Generation sind schon raus. Ich mache hier immer noch

meinen Job. Nicht, dass ich noch irgendwelche Ambitionen hätte; schließlich muss ich keinem mehr was beweisen. Aber der Jörg, der hält die Hand über mich. So kriege ich ein bisschen zurück, obwohl ich damals wirklich nicht an so was gedacht habe.«

Welchem Kollegen man sonst noch trauen kann? Dem, den Sie wirklich intensiv kennen. Seit Jahren oder Jahrzehnten. Dann auf jeden Fall dem, dessen Frau mit Ihrer Frau befreundet ist (oder andersrum, wo die Männer zusammenhocken). Weil sich kein Kollege die Blöße gibt, auch noch zu Hause beschimpft und wie ein Arschloch behandelt zu werden, nur weil er selber sich in der Firma wie ein Arschloch benommen hat. Ferner können Sie Kollegen vertrauen, die bereits auf dem Sprung zur Konkurrenz sind. Die müssen nicht mehr kämpfen. Und schließlich (unter Vorbehalt) allen, mit denen Sie eine Seilschaft haben; aber darauf kommen wir noch zurück. Sonst können Sie keinem trauen.

04 | WARUM GIBT ES IMMER SO VIEL ÄRGER MIT KOLLEGEN?

Weil das Leben kein Wunschkonzert ist. Schätzungsweise jeder dritte erwachsene Deutsche ist Spießer, Dummkopf, Über-Leichen-Geher, Schleimer, Kleinbürger, Blockwart, Lügner, Hochstapler, Faulpelz, Schmarotzer, Täuscher, Verpisser, Leuteschinder, Petzer, Ausbeuter, Falschspieler, Wegseher, Feigling, Frauenverächter, Angeber oder alles gleichzeitig. Ihre Firma spiegelt natürlich den Bevölkerungsschnitt wider. Schon deswegen treffen Sie dort auf lauter Kretins. Privat würden Sie, weil Sie ja zu den Guten gehören, mit derlei menschlicher Ausschussware keinerlei Kontakte pflegen; aber in der Firma können Sie sich das nicht aussuchen. Also ist Ärger vorprogrammiert.

Schlau wie Sie sind, versuchen Sie natürlich, zwischenmenschliche Kontakte während der Arbeitszeit auf diejenigen Kollegen zu beschränken, die nicht unter die genannten Gattungen fallen. Aber erstens sind die rar, zweitens funktioniert das aus betriebsbedingten Gründen nicht immer, und drittens gehören Sie wahrscheinlich auch zu mindestens einer der genannten Gattungen. Jedenfalls in den Augen Ihrer Kollegen. Woran man doch wieder einmal erkennen kann, dass die nicht den leisesten Hauch einer Ahnung haben.

Auffallend viele Arbeitnehmer sind frustriert, haben jegliche *Corporate Identity* verloren und sind finster entschlossen, die Firma auszunutzen. Daraus entsteht natürlich eine gewisse grundsätzlich schlechte Laune bei der Arbeit, die einem guten Betriebsklima hinderlich ist und die aus an sich ganz netten Menschen grummelnde Unsympathen macht. Stattliche 82 Prozent der für dieses Buch befragten Arbeitnehmer[*] beantworteten die Frage, ob sie sich mehr engagieren würden, wenn die Firma ihre eigene wäre, mit einem klaren »Ja«. 95 Prozent nannten als Grund für schlechtes Betriebsklima »Frust über die Arbeit«. Und immerhin 43 Prozent nannten als Grund, warum sie in der Firma keine Höchstleistung bringen: »Meine Firma verarscht mich doch auch.« Man kann daraus schlie-

---

[*] *Basis: ca. 1000 Arbeitnehmer-Befragungen bundesweit*

ßen: Der Arbeitnehmer als solcher geht missmutig in die Firma, fühlt sich von ihr betrogen und unterbezahlt und beobachtet wütend, dass Kollegen mit schlechterer Qualifikation an ihm vorbeiziehen. Es rumort im Kollegen. Und deshalb ist er so unleidlich.

Generell ist das Betriebsklima in kleineren Firmen besser als in großen. Zwei Beispiele. In der Fünf-Leute-Firma S., einem Heizungsinstallationsbetrieb im Schwäbischen, arbeiten der Chef, drei Gesellen und die Sekretärin seit ca. 15 Jahren ohne jedwede Fluktuation zusammen. Sie haben ein gemeinsames Ziel, nämlich ihre Firma bzw. ihren Arbeitsplatz zu sichern. Sie lassen sich gegenseitig ihren Freiraum, d.h.: Der Chef kontrolliert nur in Maßen, was seine Leute den Tag über treiben. Reklamationen gibt es so gut wie nie. Die drei Gesellen betreiben florierende Nebenbeigeschäfte auf eigene Rechnung; der Chef weiß es, schaut aber weg. Er wird kaum bessere Leute als diese drei kriegen. Man hat sich arrangiert miteinander und möchte so weitermachen. Hier ist das Klima gut.

Im 5000-Leute-Konzern B., der früher einmal familiengeführt war, regieren heute die Controller. Der Betrieb ist in der Futtermittelindustrie einer der ganz Großen. Nach dem teilweisen Verkauf der Firma an einen *Global Player* wurden die Daumenschrauben angezogen und sicher auch manch ein lieb gewordenes, aber allzu feudales Privileg gestrichen. Auf Geschäftsführer-Ebene wurden die Dienstwagen kleiner, in der Kantine wurde das Essen teurer, der Leistungsdruck wurde erhöht, die Vorgaben verschärft und insgesamt wurden die Kontrollmechanismen besser ausgeschöpft als bisher. Als Argument wurde – durchaus zu Recht – angeführt, dass man nur so im globalen Wettbewerb konkurrenzfähig bleiben und betriebsbedingte Kündigungen vermeiden könne. Leider haben die neuen Mitbesitzer es verpasst – und das ist in vielen großen Firmen ein Problem –, die Arbeitnehmer mitzunehmen. Die haben einfach nicht begriffen, dass der neue etwas schärfer wehende Wind ihre eigenen Arbeitsplätze sichern hilft. Als es neulich um einen aufwendigen Sonderauftrag ging, waren kaum Freiwillige zu finden. Allgemein hieß es: »Früher hätte ich das gern gemacht. Als der ›Alte‹ noch das Sagen hatte. Aber heute kann ich mich mit dem Laden nicht mehr identifizieren. Es ist mir egal, wie es der Firma geht.« Hier ist das Klima saumäßig schlecht.

05 | WARUM WIRD ÜBERALL SO VIEL »HEISSE LUFT« PRODUZIERT?

Wie viel heiße Luft jemand produziert, das hängt von seinem Rang in der Firmenhierarchie ab. Unten, am Fuße der Pyramide, wird meistens sehr effektiv malocht. Da fehlt einfach die Zeit, heiße Luft zu produzieren. Aber in den mittleren Etagen sind viele Kollegen mehr mit sich selbst als mit dem Wohle der Firma beschäftigt. Je mehr Einfluss jemand hat, desto mehr Zeit muss er nämlich damit verbringen, ihn zu sichern.

Ein solider Arbeiter verbringt fast die ganze bezahlte Zeit damit, zu arbeiten. Ein leitender Angestellter jedoch verbringt geschätzte 40 Prozent seiner Arbeitszeit mit Tricksereien, Intrigen und dem Ausbau seiner Position. Nur ganz oben an der Spitze des Unternehmens wird wieder viel gearbeitet. Da kann man sich nicht so durchmogeln. Fragen Sie mal einen Vorstandsvorsitzenden oder einen mittelständischen Unternehmer, was er den ganzen Tag so macht: Da möchten Sie nicht tauschen (außer beim Geld natürlich, da schon).

Aber Vorstandsvorsitzende sind nicht so sehr unser Thema. Nehmen wir mal einen Betrieb, in dem mit Handarbeit und Muskelkraft Geld verdient wird. Zum Beispiel den Gerüstbauer-Betrieb Martens in Niedersachsen. In dieser Branche kann man nicht viele Späßchen machen und sich nebenbei mit irgendwelchen Mätzchen beschäftigen. Es gilt, ein Gerüst aufzubauen. Der eine steht oben, der andere wirft ihm die Schrauben zu oder reicht die Gerüstteile hoch. Abends sind beide kaputt. Für Intrigen ist hier keine Zeit. »Du musst dich auf den Kollegen verlassen können, nur das zählt«, sagt Gerüstbauer Artur (44). »Bei uns gibt es keine Anbiederei beim Chef.« Hier werden natürlich nicht 40 Prozent der Zeit für irgendein zeit- und kraftraubendes Karriere-Monopoly verballert.

Aber beim Reiseveranstalter Sole Mio in Oberbayern sieht das schon ganz anders aus. Die Kette (sie hat zwölf Büros in acht Städten) gehört einem Herrn Fassbier, der als Geschäftsführer einen Herrn Obermayer eingesetzt hat. Der wiederum hat zwölf Büroleiter und 36 Reisekaufleute unter sich. Obermayer ist durchaus kein fauler Geschäftsführer. Er ist kreativ, fair und kompetent. Aber trotzdem

investiert er eine Menge Zeit, um sich bei Fassbier unentbehrlich zu machen. Ebenjene 40 Prozent seiner Arbeitskraft. Das gibt er auch ehrlich zu. Allein die bis ins Detail ausgearbeitete Organisation von Fassbiers Urlaubsreise kostete ihn im Jahre 2007 mehrere Wochen. Er fuhr sogar für einige Tage mit, war ganz selbstverständlich beim Weinseminar in der Toskana dabei und sorgte dafür, dass der eher schlicht gestrickte Herr Fassbier ein bisschen weltmännischer aufzutreten lernte.

Die Zeit und Kraft, die er auf diese Weise in seine eigene Karriere investierte, gingen der Firma natürlich verloren. Aber Fassbier war und ist ihm total dankbar, und auch Fassbiers Frau schwört auf Obermayer. Schließlich öffnet er ihr die Tür zur feinen Gesellschaft! Sogar Karten für Bayreuth hat er besorgt, und Frau Obermayer kam mit in die Boutique, um Frau Fassbier bei der Robe zu helfen!

Es gibt noch eine andere Form von Unproduktivität, die in deutschen Firmen grassiert. Aber sie liegt voll im Mainstream. Wir sprechen hier von den vielen sinnlosen, unproduktiven und nur der Selbstdarstellung einzelner Wichtigtuer dienenden *Meetings*.

Schätzungsweise 60 Prozent davon sind vollkommen überflüssig. Es herrscht der reinste Meeting-Wahn. Die Teilnehmer fehlen am Arbeitsplatz, vorher haben sie sich auf das Meeting vorbereitet und in der Zeit auch nichts weggeschafft, beim Meeting hören sie irgendwelche Vorschläge, die schon beim letzten Meeting verworfen worden waren, Besserwisser und Schleimer halten sich stundenlang mit der Erörterung gerade opportuner und angesagter Thesen auf, am Ende ist auch dieses Mal wieder nichts dabei herausgekommen, aber »schön, dass wir so offen darüber geredet haben«. Jeder denkt: So ein sinnloser Quatsch. Aber keiner sagt es. Auch das ist unproduktiv. Sinnlose Meetings kosten vermutlich jedes Jahr etliche Millionen Euro an entgangener Arbeitskraft.

Sie müssten einmal dabei sein, wenn sich schwarz gekleidete Dynamiker mit gegeltem Haar an Stehtischen versammeln (neuerdings hält man nämlich viele Meetings im Stehen ab, weil Sitzen angeblich denkfaul macht) und vorn ein Ober-Dynamiker mit Overhead-Folien einen auf wichtig macht! Er trägt vor, was alle ohnehin schon wissen, und liest zusätzlich auch noch Wort für Wort vor, was er da auf die Leinwand wirft. Große Kreise mit Segmenten wie Torten-

stücke, Prozentzahlen und Statistik-Balken, und jede neue Folie muss eine englische Überschrift haben, weil das irgendwie besser ankommt und noch wichtiger als wichtig wirkt.

Damit es selbst der größte Depp begreift, hat er auch noch eine Taschenlampe mit Pfeil dabei: Er wirft die Zahlen an die Wand, liest sie vor und fährt zusätzlich mit dem Taschenlampenpfeil von einer Zahl zur anderen. Eigentlich zeigt er damit, dass er die Aufnahmefähigkeit seiner lieben Kollegen für extrem unterentwickelt hält, und man müsste eigentlich zwischenrufen: »Sag uns einfach, was Sache ist, damit wir dann wieder an die Arbeit gehen können! Lesen können wir selber! Hör auf, unsere Zeit zu stehlen!«

Weil aber der Chef dabei ist und dieses Meeting initiiert hat, mag natürlich keiner fehlen, protestieren schon gar nicht, aber jeder möchte sich mit einer besonders intelligenten Nachfrage profilieren. Ist ja auch irgendwie doof, wenn man nix zu sagen hat. So schleppt sich also das Meeting hin, bis jeder die Chance hatte, sich zu profilieren. Und das kann dauern.

06 | WARUM SCHLEPPEN ALLE FIRMEN IRGENDWELCHE LUSCHEN DURCH?

Die Lusche* ist immer gut gelaunt. Das ist kein Wunder. Die Lusche verdient viel Geld und tut dafür ziemlich wenig. Die Lusche ist stets braun gebrannt und immer nach der neuesten Mode gekleidet. Man kann der Lusche Aufträge ohne Ende geben: Keiner wird so richtig erledigt. Aber immer sind die anderen schuld daran. Da fragt man sich doch: Warum wird die Lusche trotzdem Jahr für Jahr durchgeschleppt?

Nach vielen Interviews zu diesem Thema kristallisiert sich folgende Antwort heraus: Die Firmenkultur in Deutschland hat sich grundlegend geändert. Hartes Durchgreifen und konsequentes Umsetzen der Firmenziele inklusive leistungsorientierter Bewertung von Mitarbeitern sind zwar *en vogue*, werden theoretisch akzeptiert und stehen in jedem zweiten Konzept, das der Vorstand unter die Leute bringt. In der Praxis ist unsere Firmenlandschaft aber eine Streichelzoo-Wiese für Nichtskönner und Loser. Wer versucht, Betriebsluschen auszumachen und in die Kündigung zu treiben, gilt als Erzeuger eines schlechten Betriebsklimas und gefährdet seinen eigenen Job.

99 Prozent aller Vorgesetzten resignieren vor den Luschen nach dem Motto: Ist ja nicht mein Geld, was die verdienen! Und warum soll ausgerechnet *ich* mich da oben unbeliebt machen, weil ich lauter Arbeitsgerichtsprozesse verantworte? Wer ein scheinbar supergutes Betriebsklima vorweisen kann: Der gilt was bei den Bossen. Sie sind ja alle *sooo* menschlich. Früher war das übrigens irgendwie anders; da wurden die Guten gefördert und die Luschen aus dem Weg geräumt. Heute werden Luschen schlimmstenfalls schamvoll in eine andere Abteilung weggelobt, wo sie nicht so viel Unheil anrichten können.

»Ich habe meine Ohren ja überall«, sprach der General Manager eines Elektronikkonzerns mit alarmierend sanfter Stimme zu einem

---

* *»Lusche = 1. Karte mit niedrigem Spielwert; 2. Versager, Nichtskönner; besonders im Sportbereich für Totalausfälle«* (Zitat aus: *www.ruhrgebietssprache.de*)

seiner Abteilungsleiter und fuhr fort: »Wie ich höre, herrscht in Ihrer Abteilung doch ein eher suboptimales Klima*. Wissen Sie, so geht das heute nicht mehr. Wir haben doch diese *Sympathy Offensive* laufen, die vom Vorstand kommt. Wir sind nett zu unseren Mitarbeitern. Wir sind eine Familie, ein Team! Aber bei Ihnen, da herrschen Frust und Angst, da wird sich schon beim Betriebsrat beschwert, guter Mann, so geht das nicht. Ich möchte Ihnen hier einmal ein Angebot unterbreiten, wo Sie künftig vielleicht besser aufgehoben sein könnten und sich auch wohler fühlen würden ...«

Der solcherart kurzerhand seines Jobs beraubte Abteilungsleiter hob zu einer längeren Ansprache an. Er habe, so führte er aus, von seinem Vorgänger einen Laden übernommen, in dem aus Gründen der Bequemlichkeit und Führungsschwäche lauter Pfeifen durchgeschleppt wurden, und das seit vielen Jahren. Er sei mit dem Ziel angetreten, diesen Saustall auszumisten, und genau das tue er gerade. Man möge ihm doch bitte noch einige Monate Zeit geben, dann seien die Luschen zum Wahnsinn getrieben und hätten von sich aus das Handtuch geworfen; danach komme er dann mit einem Drittel weniger Planstellen aus, würde dem Konzern also auch Geld sparen, und das mit durchaus sehenswerten Ergebnissen – weil er eben keine Luschen mehr durchzuschleppen habe.

Der Mann erntete nicht einmal ein mildes Lächeln. Er wurde auf dem »Dampferfriedhof« geparkt, bekam also einen wohlklingenden Titel ohne irgendeine Verantwortung, entwickelte sich binnen kürzester Zeit selbst zu einer Lusche und dämmert nun dem Beginn des Rentenalters entgegen. So läuft das heute ab.

Aber warum ist der General Manager den doch offensichtlich schlüssig dargelegten Argumenten seines Abteilungsleiters nicht gefolgt, hat ihm den Rücken gestärkt und ihn mit Dank und der vagen Ankündigung einer bevorstehenden Gehaltserhöhung entlassen, auf dass dieser weiterhin freudig dem sinnvollen Geschäft des Luschen-Quälens nachgehen konnte? Die Antwort ist einfach: Manager denken heute kurzfristig. Manchmal nur in Quartalsabständen. Sie mögen nicht vom Vorstand gefragt werden, warum es denn in ihrem Bereich schon wieder einen Fall fürs Arbeitsgericht gibt.

---

* *sub (lat.) = unterhalb von; suboptimal = Modewort für »schlecht«*

Sie überlassen die Lösung von Problemen lieber ihren Nachfolgern und präsentieren nach oben eine vermeintlich heile Welt, in der nur Gewinner und Freunde leben.

Wir erleben zur Zeit eine grassierende Amerikanisierung der deutschen Firmenlandschaft, jedoch – leider oder zum Glück – ist der deutsche Arbeitnehmer mit dem amerikanischen nicht vergleichbar. Der Deutsche will keine heile Familie in der Firma, keine von oben verordnete Generalmotivation, keine notorische »Wir haben uns alle lieb«-Firmenreligion. Der deutsche Arbeitnehmer will einen Chef, der Gutes positiv benotet und Schlechtes durchfallen lässt. Der Leistungsträger befördert und Nieten feuert.

Leider sind Führungskräfte, die diesem Prinzip folgen, in den Konzernspitzen unbeliebt. Notorische Problemlöser machen keine Karriere. Wir sind damit bei der nächsten Frage angekommen, denn jeder möchte doch »Chefs Liebling« sein …

Gerecht ist das ja nun wirklich nicht. Ja-Sager reden dem Chef nach dem Mund und versuchen, seine Gedanken im Voraus zu erahnen, um sie möglichst kundzutun, bevor er sie ausspricht. Sie sind stets darauf bedacht, ihr Fähnchen in den Wind zu hängen. Sie sind wie bigotte Priester, die zum Wort des Bischofs Ja und Amen sagen und sich dabei fortwährend bekreuzigen. Es handelt sich um lauter arme, persönlichkeitsschwache und unfähige Hofschranzen. Kakerlaken des Business. Der Chef weiß das natürlich. Ihm fehlt Widerspruch! Jemand, mit dem er diskutieren kann! Jemand, der keinen Schiss vor ihm hat! Mutige Mitarbeiter, die auch mal ins Risiko gehen und ihn vor Fehlern warnen!

Wenn Ihr Chef abends mit sich allein ist, einen Absacker-Whisky trinkt oder mit seiner Frau redet, dann kotzt er über diese notorischen Ja-Sager ab. »Alles miese, hirnlose Ratten«, murmelt er dann. »Keiner, der sich mal was traut. Im Grunde bin ich ganz allein. Warum, verdammt noch mal, widerspricht mir keiner?«

Wenn Sie kein Ja-Sager sind; wenn Sie mit Ihrem Chef kontrovers diskutieren und ihm auch mal eine Alternative zu seiner Meinung aufzeigen, dann müssten Sie eigentlich ganz oben mitspielen. Dann müssten Sie eine Megakarriere hinlegen. Dann müssten Sie »Chefs Liebling« sein. Aber leider ist das nur graue Theorie.

Als notorischer Widerhaken im Fleisch Ihres Chefs können Sie sich zwar in gewisser Weise unentbehrlich machen und werden wahrscheinlich im Ansehen Ihrer Kollegen steigen; auch ist die Gefahr relativ gering, dass Sie rausfliegen. Und morgens in den Spiegel gucken können Sie auch noch. Aber der Liebling Ihres Chefs werden Sie trotzdem niemals sein. Der sogenannte *Inner Circle*, der Kreis der Entscheider, der »Heilige Gral« – in dem finden Sie nicht statt. Denn, und das wäre ein Thema für das Buch »Wie Unternehmer ticken«[*] – Chefs sind zwiegespalten. Einerseits brauchen und lieben sie Nein-Sager, und wenn es nur als Alibi für ihre demokratische

---

[*] *Schreiben wir auch noch, keine Sorge.*

Form der Betriebsführung wäre. Andererseits hätten sie im operativen täglichen Geschäft dann doch lieber, dass alle nach ihrer Pfeife tanzen. Der Liebling Ihres Chefs werden Sie also nicht, wenn Sie ihm ständig widersprechen. Sondern wenn Sie sich die wahrsagerische Fähigkeit aneignen, seine Gedanken im Voraus zu erahnen.

»Ich halte mich bei Meetings und in den Pausen immer möglichst dicht beim Chef auf und versuche, Gesprächsfetzen mitzukriegen. Das hilft ungemein«, sagt Jens B., hoffnungsvolle Nachwuchskraft in einer großen Hamburger Werbeagentur. »Neulich schnappe ich auf, wie er zu seiner Sekretärin sagt: Erinnern Sie mich an die XY-Kampagne, die Präsentation ist Schrott. Am nächsten Tag im Meeting bin ich ganz mutig und sage: Die XY-Präsentation ist voll Schrott. Da müssen wir noch mal ran. Alle halten den Atem an und denken, der Jens ist wohl übergeschnappt, das ist doch das Lieblingsding vom Alten! Na ja, voll gewonnen, das Ding. Wahrscheinlich kriege ich sogar den XY-Etat. Tja, Kollegen: Da habt ihr verzockt.« Gegen etwas zu sein, ist also eine feine Sache. Wenn man ein bisschen konspirativ ermitteln kann und deshalb früher als alle anderen weiß, dass der Chef auch dagegen ist.

08 | WIESO KRIEGEN IMMER DIE ANDEREN MEHR GELD?

Eine Gehaltserhöhung zu kriegen ist heute schwerer denn je. Es gibt ausgezeichnete Leute, die seit fünf Jahren und mehr auf ihrem Gehalt hocken, das von der Preissteigerung nach und nach aufgefressen wird. Vor allem seit Einführung des Euro tut das tierisch weh, denn der statistische Warenkorb ist ja eine Lachnummer: Angeblich ist nichts teurer geworden, aber gehen Sie mal essen oder so. Als die Lokführer im Sommer 2007 bis zu 31 Prozent mehr forderten, heulte Deutschland auf – aber zu Unrecht, denn eigentlich hätte ganz Deutschland bereits 2001 satte 100 Prozent mehr fordern müssen. Na gut, das ist nicht unser Thema. Also: Wie kriegen auch Sie mehr Geld?

Wechseln, falls Sie noch jung genug sind. Schaukeln Sie sich wie im Paternoster von einer Firma zur anderen hoch, zeigen Sie keine Firmentreue, fangen Sie jedes Mal wieder neu an, tun Sie sich den ganzen Stress an, brechen Sie immer wieder Ihre Zelte ab, lassen Sie Ihre Ehe den Bach runtergehen, muten Sie Ihren Kindern alle drei Jahre einen Schulwechsel zu, jagen Sie dem Geld hinterher, und Sie werden es schaffen. Ihr angeblich erfolgreicherer Kollege macht es genauso. Sein »Trick« ist eigentlich keiner, sondern ein klares Bekenntnis zum schnöden Mammon. In der eigenen Firma mehr Geld zu kriegen, abgesehen von lächerlichen, von der Gewerkschaft durchgesetzten Mini-Erhöhungen, ist so gut wie sinnlos. Mehr Geld gibt's nicht; da können Sie sicher sein. Allenfalls mehr Arbeit mit der Aussicht auf mehr Geld, das dann aber doch nicht kommt. Zwar reden alle vom Aufschwung, nur kommt der leider noch lange nicht unten an. Irgendwie versickert er, und wahrscheinlich ist die Steuer schuld.

Na gut: Sehen wir es etwas positiver. Vielleicht lohnt sich ja doch alle fünf Jahre ein Gespräch mit Ihrem Chef. Allerdings wäre es ungewöhnlich, wenn Sie in fünf Jahren noch denselben Chef hätten. Für dieses Gespräch ist es wichtig, dass Sie inzwischen erstens unentbehrlich sind, zweitens ein Angebot von außen haben und drittens auch bereit sind, dieses Angebot anzunehmen.

Es geht heute nicht mehr ohne Zockerei. Aber überlegen Sie gut. Zocken können Sie immer nur einmal. Wenn Sie mehr Gehalt verlangen und damit drohen, andernfalls den Laden zu verlassen, sollten Sie das im Falle des Scheiterns auch tun. Sonst nimmt Ihr Chef Sie beim nächsten Mal nicht mehr ernst. »Ich hatte ein Super-Angebot, glatt 1000 Euro brutto mehr«, sagt Ernesto C., Ingenieur in der Windkraft-Branche (Sachsen). »Leider saß die Firma in Holland. Ich habe versucht, dasselbe Geld in meiner Firma zu kriegen. Die haben eiskalt abgelehnt. Dann hat meine Frau gesagt, dass sie nicht mitkommt mit den Kindern nach Holland. Ich hab daraufhin das Angebot nicht angenommen und bin in meiner Firma geblieben. Meinst du vielleicht, ich kann noch mal wegen mehr Geld anfragen? Mit Sicherheit nicht. Ich hab verzockt, für alle Zeit.«

Wenn Ihr Kollege nicht die Firma wechselt und Sie trotzdem finanziell überholt, dann wahrscheinlich über Leistungs- oder andere freiwillige Prämien. Warum? Er beherrscht vermutlich das Schwimmen im Haifischbecken besser als Sie. Genau hiervon handeln alle 111 Kapitel dieses Buches, so dass Sie eigentlich nur weiterlesen müssen.

09 | WARUM SIND MANCHE KOLLEGEN BEI ALLEN BELIEBT?

Beliebt wird man auf jeden Fall nicht durch gewissenhafte Arbeit. Oder weil man so ein herzensguter Mensch ist (wie z.B. Sie es sind). Beliebt – oder was allgemein dafür gehalten wird – wird man mit der gezielten Weitergabe von Interna. In jeder Firma sind geflüsterte Nachrichten die Währung, in der bezahlt und kassiert wird.

Es geht dabei nicht nur um Klatsch und Tratsch. Es geht auch um bevorstehende Neuerungen, geplante Umstrukturierungen, zu erwartende Beförderungen und noch geheime Chefwechsel. Wenn jemand flüstert: »Ich weiß das aus guter Quelle«, und mit der »guten Quelle« sind Sie gemeint, dann haben Sie es geschafft! Wer vieles erfährt und manches davon geschickt zu streuen weiß, macht sich Kollegen zu Schuldnern und wird das, was man (zu Unrecht) »beliebt« nennt.

Zu Unrecht – weil die Firma keine Familie und auch kein Mädchenpensionat ist, sondern eine Zweckgemeinschaft von Leuten, die sich privat möglicherweise nicht einmal grüßen würden. In der Firma ist niemand »lieb«; deshalb verbieten sich Vokabeln, in denen dieser Wortstamm vorkommt. »Wenn der Klaus in die Kantine kommt, kann er sich den Tisch aussuchen. Alle rücken beiseite. Der ist echt beliebt«, schwärmt Sylvia M. (28), die in einem Pharmakonzern arbeitet, über ihren Kollegen. Klaus ist zwar nur ein verhältnismäßig kleines Licht in dem Riesenapparat, aber er engagiert sich im Betriebssport und erfährt auf dem Tennisplatz so manches, was noch nicht für den Flurfunk bestimmt ist. Hin und wieder macht er eine Andeutung, und die Kollegen revanchieren sich: Wer was erfährt, erzählt es zuallererst dem Klaus. So entsteht ein lustiges Pingpong von Gerüchten, die alle bei ihm eingehen bzw. von ihm weitergeleitet werden. Klaus ist nicht dumm. Er ist eine »gute Quelle«. Und er ist sehr »beliebt«.

Na gut: Seien wir nicht so hart. Es gibt ja vielleicht doch noch eine zweite, erheblich sympathischere Möglichkeit, »beliebt« zu werden. Seien Sie die »Mutter der Kompanie«! Haben Sie für jeden ein freundliches Wort und ein offenes Ohr! Immer bereit zu helfen!

Und lassen Sie Ihre schlechte Laune grundsätzlich zu Hause! »Wenn die Frau Sander Geburtstag hat, kommen alle Abteilungen zum Gratulieren und es wird richtig gefeiert«, wundert sich Annette K. (28, Sachbearbeiterin in einer Behörde), »bei mir sind es höchstens fünf Leute und die gehen auch bald wieder.«

Frau Sander lächelt, wenn man ihr das erzählt. Sie ist seit 15 Jahren in der Behörde beschäftigt und kennt die Strukturen wie kaum eine andere Kollegin. »Ich hab halt allen schon mal irgendwie helfen können«, sagt sie bescheiden. »Und wenn man dann einlädt, kommen die auch.« Es geht aber nicht nur um gute Tipps, die Anfängern helfen. Jeder in der Behörde weiß, dass Frau Sander in den Tiefen ihres Schreibtisches stets einige Kümmerlinge versteckt: Hat jemand Ärger mit dem Chef oder weint heimlich wegen privaten Liebeskummers, so rückt sie schon mal ein Fläschchen heraus. Einfach nett. Sie verteilt die Kümmerlinge, als wären es Leckerlis und jeder Kollege ein Hund: mal als Belohnung, mal als Trost. Aber auch Frau Sander weiß und erfährt stets mehr als alle anderen. Sie weiß genau, dass Nachrichten so gut wie bares Geld sind – wenn man als verschwiegen gilt und sie, wenn überhaupt, nur wohldosiert unter die Kollegen bringt. Darum gilt auch Frau Sander als »gute Quelle«, dabei ist sie eigentlich doch nur ein herzensguter Mensch.

10 | WARUM MACHEN FAULPELZE IMMER SO AUF WICHTIG?

Tarnen, täuschen und verpissen. Das alte Motto der Zeitsoldaten ist auch das hehre Ziel Ihres Kollegen. Sich erfolgreich wegzuducken, was so viel bedeutet wie: Die anderen arbeiten lassen, und man selbst hat einen guten Lenz – das ist gar nicht schwer. Man muss nur auf wichtig machen!

Es gibt nämlich eine Grundregel, die eigentlich immer funktioniert. Sie lautet: Wer einen Auftrag von ganz oben hat, der ist aus der Nummer raus. Der muss nicht mehr viel machen. Und genau deshalb ist die Mitgliedschaft im Betriebsrat für so viele Faulpelze erstrebenswert. Sie kümmern sich immer um irgendwas, das keiner so recht kontrollieren kann. Aber alles, was sie angeblich tun, ist total wichtig.

Natürlich gibt es fleißige, unermüdliche, von ihrer Aufgabe total überzeugte und wirklich leidenschaftliche Betriebsräte, die tatsächlich für uns (also für die Guten) arbeiten und die für einen da sind, wenn die Firma komplett am Rad dreht und meint, dass sie sich alles erlauben kann. Aber ganz ehrlich: Viele Drückeberger haben ziemlich konkret ihre zu erwartende Unkündbarkeit im Visier, wenn sie sich zur Betriebsratswahl stellen. Erstaunlich oft sind das Kollegen, die sich als normale Arbeitnehmer in den Jahren davor einen Scheiß um die Interessen anderer gekümmert haben und nur ihre eigenen im Kopf hatten. Jetzt retten sich diese hinterfotzigen Schlitzohren kurz vor ihrer durchaus gerechtfertigten Kündigung schnell noch in den Betriebsrat und machen dem Personalchef eine lange Nase! Erst einmal gewählt, haben sie für alle Zeiten ausgesorgt. Plötzlich wollen sie uns (also den Guten) erzählen, wie mies und ausbeuterisch unsere Chefs drauf sind. Ja, sagen wir es mal wieder total überspitzt und ungerecht: Der beste Weg, sich vor ehrlicher Arbeit zu schützen, ist allemal der Weg in den Betriebsrat!

Der klassische Faulpelz jedoch (kaum einer schafft es ja in den Betriebsrat) arbeitet subtiler. Er sorgt nämlich selbst dafür, dass er ständig anderweitig gebraucht wird. Zum Beispiel schreibt er ein Konzept mit irgendeiner neuen Idee, die vom Chef zwar nicht ge-

wollt, aber doch halbherzig abgenickt wird. So nach dem Motto: »Machen Sie mal, Müller.« Der Chef meint natürlich: »… sofern es Ihr Job erlaubt, den Sie bitte weiterhin zu meiner vollsten Zufriedenheit erledigen.« Der Faulpelz jedoch tut so, als sei er ab sofort zur Fertigstellung dieses Konzeptes freigestellt, und das mit Billigung von höchster Stelle. Super! Denn so eine Konzept-Umsetzung, die kann dauern und dauern.

Das funktioniert im Kleinen genauso wie im Großen, bei Handwerkern wie bei Abteilungsleitern und sogar im Bundestag. O-Ton eines Abgeordneten: »Das geht hier zu wie in einer Schulklasse. Am liebsten würden alle schwänzen. Vor allem freitags. Weil das natürlich auffallen würde, braucht man eine Entschuldigung. Eine ABM[*], hinter der man sich verstecken kann. Optimal ist ein Thema, das alle gut finden, das aber keiner freiwillig anfassen würde und nach dem auch niemals wieder gefragt wird …«

Der Abgeordnete Alois H.[**] zum Beispiel suchte sich als ABM »irgendwas mit Solartechnik«, weil das gerade gut in die politische Landschaft passt und innerhalb der EU auch mit der einen oder anderen interessanten Dienstreise verbunden sein könnte. Er passte den Fraktionsvorsitzenden bei einem abendlichen Umtrunk ab und trug ihm seine Idee vor. Der mag sich gedacht haben: »Der Alois, dieser Schwätzer, der belästigt mich mit einem Scheiß, den keiner braucht, und stiehlt mir meine Zeit.« Laut sagte er aber: »Lieber Herr H., das ist eine gute Idee! Machen Sie mal.« Und jovial rief er ihm noch hinterher: »Und halten Sie mich unbedingt auf dem Laufenden!«

Alois H. war zufrieden. Jetzt hatte er einen wichtigen Auftrag, der ihn lange beschäftigen würde. Und schon am nächsten Tag zeigte sich, wie weise er gehandelt hatte. Da nämlich sprach ihn ein Abgeordneten-Kollege an, der gerade einen recht unerfreulichen Ausschuss leiten sollte. Die Sache roch zehn Meilen gegen den Wind nach Verdruss und Arbeit. Dieser Abgeordnete fragte also, ob der Herr H. eventuell mitmachen würde in dem Ausschuss, weil er selbst, man weiß ja, auch noch in der Fraktion gewisse Aufgaben habe, und überhaupt.

---

* ABM = *Arbeitsbeschaffungsmaßnahme*
** H. *wie Hinterbänkler*

Herr H. aber bedauerte sehr. Soeben, verriet er im Flüsterton, habe er vom Chef persönlich einen total wichtigen Auftrag gekriegt, was mit EU und Solar und so, absolut keine Luft sei mehr drin, aber nächstes Mal gern – und schon war er weg.

Am Freitag darauf war Fraktionssitzung, aber der Herr H. war nicht dabei. Seine Sekretärin würde Anrufern erzählen, er sei in Sachen EU unterwegs. In Wahrheit aber war er heimgefahren, denn die Berliner Luft bekam ihm so gar nicht. Und nach der EU-Sache mit Solar und so – nach der hat niemals mehr jemand gefragt. Es wusste ja auch keiner davon. Außer dem Chef und ihm. Und der Chef – der hatte die Sache natürlich längst vergessen.

Vielleicht kennen Sie das Märchen von »des Kaisers neuen Kleidern«. Es ist zwar schon ein bisschen verstaubt, aber doch eine köstliche Parabel auf den heutigen Alltag in deutschen Konzernen, also absolut zeitlos. In diesem alten Märchen macht die ganze Nation ein Riesen-Bohei darum, dass der Kaiser angeblich so schicke Kleider trägt. Alle jubeln ihm zu und sind begeistert. Bis ein kleines Kind ruft: »Aber der hat doch gar nichts an!«

Die Wichtigtuer unter Ihren Kollegen, die mit den Aufträgen »von ganz oben« und die mit den tollen Konzepten, die Schwätzer auf den Meetings, die Mainstreamer und die Stromlinienförmigen, die mit den gegelten Haaren und die in den schwarzen Anzügen, die mit der rasierten Glatze und die mit dem angesagten iPhone, kurzum: die Trendsetter in der Firma, haben in Wahrheit auch nix an. Es sind arme Würstchen. Sie machen nur eine Riesenshow. Und wenn es ans Umsetzen geht, an die ehrliche Arbeit, dann kneifen sie. Sind unauffindbar. Einfach verschwunden. Weggezaubert. Die Arbeit – die machen wir, die Guten, die Leistungsträger.

11 | UND BIN ICH EIN TROTTEL, WENN ICH BRAV MEINE ARBEIT MACHE?

Ein Trottel sind Sie, wenn Sie *nur* brav Ihre Arbeit machen. Denn Leistung alleine genügt im Haifischbecken nicht. Machen Sie diesen Test und antworten Sie nur mit Ja oder Nein: Haben Sie eine Seilschaft? Sind Sie Teil eines Netzwerkes? Sind gewisse wichtige Kollegen Ihnen zu Dank verpflichtet? Sind Sie Ihrem höchsten Chef schon mal positiv aufgefallen? Kennt er Sie überhaupt? Haben Sie ein hervorragendes Verhältnis zu (nicht mit!) seiner Sekretärin? Kennen Sie Interna, die andere gerne wüssten? Könnten Sie mit Ihrem Wissen einem Kollegen schaden? Haben Sie das Image, ein knallharter Typ oder wenigstens ein gefährlicher Intrigant zu sein? Wären Sie imstande, einen Kollegen-Computer auf private Mails zu checken? Finden Sie die These »Wenn schon einer über die Klinge springen muss, dann bestimmt nicht ich« richtig?

Wenn sie zweimal oder häufiger mit »Nein« geantwortet haben: Dann sind Sie ein Trottel. Sonst nicht.

2. TEIL:
DIE KOLLEGEN UND IHRE FIESEN MACHENSCHAFTEN

12 | WARUM ZIEHEN LAUTER VERSAGER AN MIR VORBEI?

Weil es gar keine Versager sind, und weil Sie schlechter sind als die. Das wäre die erste Möglichkeit. Aber die werden Sie nicht akzeptieren.* Und es gibt ja zum Glück noch weitere. Vielleicht sind die Leute einfach die besseren Selbstverkäufer? Oder die größeren Schleimer? Oder sie haben ein gut funktionierendes Netzwerk bzw. eine fantastische Seilschaft? Oder sie sind diplomatischer als Sie? Oder sie haben mit irgendjemandem eine Leiche im Keller? Oder sie werden immer wieder weg- und deshalb hochgelobt?

Das ist übrigens gar nicht so selten, sondern eine beliebte Strategie. Es wird sogar auf Weiterbildungsseminaren für Führungskräfte ganz offen angesprochen: Jemanden wegen Unfähigkeit zu feuern macht doch eigentlich nur Ärger. Er könnte klagen und würde wahrscheinlich Recht bzw. eine Riesenabfindung bekommen. Der Betriebsrat würde mürrisch reagieren und vielleicht auch gar nicht einverstanden sein. Arbeitsrechtler haben in den heutigen Zeiten Hochkonjunktur; sie können sich vor Aufträgen kaum retten. Und die Arbeitsgerichte sind heutzutage derart arbeitnehmerfreundlich, dass man als Chef echt die Lust am Einstellen verlieren kann. Den Kündigungsschutz wollen die Politiker zwar lockern, aber wer weiß wann? Und wenn, dann wie sehr? Also: Kündigen ist blöd.

Viel besser ist es doch, eine Lusche weiterzuempfehlen! Das passiert meistens bei einem gepflegten Glas Mineralwasser in der Pause eines überbetrieblichen Meetings. »Ich wüsste da jemanden für Sie ... Echt guter Mann ... Lassen Sie uns mailen ...« Schon ist die Begehrlichkeit geweckt, schon werden Kontakte gemacht, hier eine Bemerkung, da eine kleine Gefälligkeit, so wird die Lusche weggelobt. Es gibt nur Sieger – außer demjenigen, der den Faulpelz und Großschwätzer nun an der Backe hat. Aber zugeben wird er das nie, denn dann stände er ziemlich dumm da. Und Sie? Sie will niemand wegloben, weil Sie bekanntlich zu den Guten gehören. Getröstet?

---

* War nur ein Scherz.

13 | WIE TARNEN MEINE KOLLEGEN IHRE AHNUNGSLOSIGKEIT?

Schlaue Kollegen wagen sich niemals zu weit vor. Sie hören sich immer erst einmal an, was die anderen zu sagen haben. Und sie nicken stets bedächtig vor sich hin, so als wenn sie alles bereits wüssten. Sie sperren die Ohren auf und merken sich genau, was an Sachargumenten vorgetragen wird. Sie scheuen sich nicht, genau diese Argumente wenig später als ihre eigenen auszugeben und ein zweites Mal vehement vorzutragen. Der Einwand, dass genau dieser Standpunkt soeben von einem anderen Kollegen vertreten wurde, schreckt sie nicht. Sie tun dann einfach so, als wenn sie den Gedanken soeben weiterentwickeln wollten, aber man lässt sie ja leider wieder einmal kaum zu Wort kommen!

Sie holen gern weitschweifig aus, denn lieber viel reden und nichts sagen als nichts wissen und das auch noch zugeben. »Das wollte ich gerade sagen«, »Genau!«, »Das weiß man doch«, »Jetzt aber mal auf den Tisch damit« sind Zwischenrufe, die sie über alles lieben. Sie verfügen über eine ausgeprägte Körpersprache, wiegen den Kopf bedächtig hin und her, hauen auch schon mal auf den Tisch (Einfach so! Weil es unglaublich dynamisch wirkt!), lassen die Luft durch die Zähne zischen, verdrehen die Augen und blättern hektisch in ihren Unterlagen.

Solche Typen findet man natürlich vorwiegend auf Konferenzen in den sogenannten *White-Collar-Jobs*. Die Ahnungslosen unter den Blaumännern benutzen andere Tricks. »Unser neuer Vorturner hat nicht viel Ahnung. Der Chef hat ihn eingekauft, aber eigentlich hätte einer von uns den Job kriegen müssen«, erzählt ein Malergeselle aus Bayern. »Immer wieder passieren ihm Fehler, wenn er z.B. bei einem Kunden den Raum ausmisst, oder wenn er eine bestimmte Farbe notiert, die der Kunde angeblich haben will. Ich weiß nicht, was der da aufschreibt. Aber man tut gut daran, alles noch mal nachzuprüfen. Schuld ist er trotzdem niemals. Sobald man ihn auf seinen Fehler hinweist, geht er in die Offensive und fängt an zu schreien. Bin ich denn nur von Idioten umgeben? Alles muss man selber machen! Das sind so seine Sprüche. Es traut sich keiner, dagegen anzugehen, weil

er das volle Vertrauen vom Chef hat. Er tarnt seine Ahnungslosigkeit, indem er einfach andere beschuldigt. Von zehn Kostenvoranschlägen, die er macht, sind bestimmt fünf gar nicht einzuhalten.«

Weit verbreitet und höchst effektiv ist auch die Angewohnheit von ahnungslosen Kollegen, im richtigen Moment in die hinterste Reihe abzutauchen. »Wenn Chefvisite ist, hält sich Oberarzt Dr. B. immer direkt hinterm Chefarzt, so als wenn er an der kurzen Leine geführt wird«, beobachtet Krankenschwester Sabine F. aus Frankfurt, »aber wenn ein Problempatient an der Reihe ist, wo keiner so genau weiß, was er hat, dann steht er plötzlich ganz hinten bei den Assistenzärzten. Gibt es nun einen Anschiss vom Alten, weil er mit der Diagnose nicht zufrieden ist, trifft es erst mal den Nächststehenden. Dr. B. duckt sich sogar! Kommt dann ein leichter Fall, murmelt er »Darf ich mal?«, drängelt sich wieder nach vorn durch und schildert wortreich, was er alles gemacht hat. Das Lob vom Alten kassiert er dann lächelnd ein. Nächstes Krankenzimmer, wieder ein Problem – Dr. B. ist ganz hinten und ganz klein …«

14 | WARUM KOMMEN MANCHE KOLLEGEN SO FRÜH?

Vielleicht dachten Sie beim Lesen dieser Überschrift spontan: »Diese Frage gehört doch in den fünften Teil (›Die Kollegen und ihr Sex‹)!« Aber unter »früh kommen« ist diesmal keine männliche Sexualschwäche gemeint, sondern tatsächlich der auffallend verfrühte Arbeitsbeginn. Also: Manche Kollegen erscheinen regelmäßig als Erste am Arbeitsplatz, und das hat ja natürlich seinen Grund.

Beginnen wir mit einem krassen Beispiel. Im Ascura-Konzern wurde ein neuer Chef gesucht. Der alte wechselte in den Aufsichtsrat. Man entschied sich für eine Doppelspitze, weil man zwar einerseits grundsätzlich gern den Nachwuchs aus eigenen Reihen rekrutierte, andererseits aber keinem der beiden Aspiranten die Führung der Firma alleine zutraute.

Zwei Leute sollten also die Firma gemeinsam leiten und den Reichtum der Aktionäre mehren. Ganz klar, dass sie von dem Tag an erbitterte Gegner waren, denn eines Tages würde man den Quatsch mit der Doppelspitze sein lassen und den Laden einem von ihnen alleine überlassen. Aber diese Gegnerschaft zeigten die beiden Jungdynamiker natürlich nicht nach außen. »Zwischen uns passt kein Blatt Papier«, prahlten sie gern. Was glatt gelogen war. Denn sie waren so weit auseinander, dass sogar ein Zeitungsstapel zwischen ihnen zu Boden gefallen wäre.

Zwei Chefs, das bedeutete natürlich auch zwei Büros. Eins gab es ja schon (das vom alten Chef). Davor das künftig gemeinsam zu nutzende Sekretariat. Und gegenüber das neue Chefbüro für den anderen.

Nur: Wer von den beiden das alte Chefbüro kriegen würde und wer der »andere« sein sollte, der ins neue Büro musste, blieb offen. Dabei hat so etwas eine erhebliche Signalwirkung den Kollegen gegenüber (»Ich sitz im Büro vom Alten, also bin ich der eigentliche Chef.«). Außerdem hatte das alte Chefbüro ein Fenster mehr als das neue (merke: Je mehr Fenster, desto höher in der Hierarchie); es war obendrein noch holzgetäfelt und mit einem riesigen Gemälde des Firmengründers geschmückt. Kurzum: Dieses alte Chefbüro wollten beide allzu gern haben.

Es kam dann der Tag – da-dam, da-dam, stellen Sie sich hier die Titelmelodie eines alten Western vor –, es kam der Tag, an dem die beiden ihre neuen Büros beziehen sollten. Nennen wir die glorreichen zwei mal Bartmann und Tiesen. Bartmann wollte das Büro vom Alten, und Tiesen wollte es auch. Man sprach nur nicht darüber. Man sprach sowieso nicht mehr viel miteinander.

Dienstbeginn war normalerweise so plus-minus neun Uhr. Da hätten die beiden ihre nagelneuen Dienstwagen in der Tiefgarage parken und je eines der beiden Büros beziehen sollen. Ha, dachte sich Tiesen: Du bist ja nicht blöd! Du kommst nicht um neun, sondern um acht! Dann beziehst du das Büro vom Alten, und der dämliche Bartmann kann sich gehackt legen. Denn wer zu spät kommt, den bestraft das Leben.

Gesagt, getan. Kein schlechter Trick, oder? Tiesen kommt einfach früher als Bartmann und hat einen klaren Platzvorteil. Wohlgemut reißt er die Tür vom Chefbüro auf und erschrickt: Bartmann sitzt dick und fett hinterm Schreibtisch vom Alten und macht schon auf wichtig! Im Ascura-Konzern erzählt man sich, Bartmann habe sich einen Schlafsack mitgebracht und die entscheidende Nacht vorm Showdown im alten Chefbüro übernachtet. Aber das ist bestimmt nur eine Legende.

Die Geschichte klingt vielleicht etwas bizarr, aber sie ist erstens wahr und zweitens kein Einzelfall. Auch in Medienkonzernen wird genau registriert, welcher Chef in welchem Zimmer sitzen darf. Zitat: »Ob die Aufteilung der Büroräume etwas über die künftige Hierarchie im SPIEGEL sagt, wird sich zeigen. Zumindest soll das Los entschieden haben, dass Georg Mascolo jetzt im ehemaligen Arbeitszimmer von Stefan Aust sitzen darf. Mathias Müller von Blumencron habe derweil das ehemalige Büro von Joachim Preuß, Austs Stellvertreter, bezogen, heißt es aus dem Haus an der Hamburger Brandstwiete ...«[*]

Ach so: Natürlich sind weder Tiesen noch Bartmann lange Chefs geblieben. Der eine ist auf Frührente und schmollt, der andere hat ir-

[*] *Der TAGESSPIEGEL am 7. Februar 2008 anlässlich der Nachfolgeregelung in der SPIEGEL-Chefredaktion*

gendwo einen zwielichtigen Lobbyisten-Beratervertrag. Die Ascura gibt es immer noch.

Aber auch, wenn keine Chefbüros verteilt werden, sollten Sie früher aufstehen als Ihre Kollegen. Allein schon wegen der Optik. Wer zuerst kommt, gilt als Streber. Streber aber sind gefährlich. Und entsprechend respektvoll wird man Sie behandeln. Außerdem schaffen Sie morgens mehr weg und haben dadurch Platzvorteil. Sie können Akten lesen, aufräumen, als Sekretärin schon mal Kaffee aufsetzen, als Vorarbeiter die Arbeit der anderen überprüfen und auch mal so ganz in Ruhe über neue Vorschläge nachdenken, die Sie Ihrem Chef demnächst machen möchten. Vor Ort in der Firma oder auf der Baustelle geht das viel besser als zu Hause!

Wenn Sie noch Azubi sind, sollten Sie sowieso als Erster da sein. Was wollen Sie? Ausschlafen oder Karriere machen? 20 Minuten vor den anderen da sein reicht vollkommen. Aber wahrscheinlich hatte Ihr Kollege dieselbe Idee. Dann müssen Sie eben noch früher aufstehen.*

---

* *Sprichwörter zum Thema außer »Wer zu spät kommt, den bestraft das Leben«: »Früher Vogel frisst den Wurm« und »Morgenstund' hat Gold im Mund«; ferner ist ein besonders ausgefeilter Frühaufsteher-Trick nachzulesen im Märchen vom Hasen und dem Igel.*

15 | WARUM RISKIEREN MANCHE KOLLEGEN SO EINE GROSSE KLAPPE?

Große Klappe – nichts dahinter. Das sagt man so. Aber Vorsicht: Dabei kann man sich schwer verschätzen! Natürlich gibt es Kollegen, die mit hohlen Sprüchen nur ihre eigene Inkompetenz übertünchen. Auf die kommen wir gleich noch zurück. Aber in fast jeder Firma gibt es jemanden, der mit seiner großen Klappe bewusst provoziert. Er leistet sich das Image des großmäuligen, widerspenstigen Unbequemen ganz bewusst. Er suhlt sich genüsslich in der Rolle des *Advocatus Diaboli* und hält sich im Übrigen ohnehin für unkündbar. Sympathisch ist das nicht. Aber diese Spielart von Kollege ist meistens äußerst kompetent. Er steckt die anderen lässig in die Tasche – wenn er will.

In der international bekannten Werbeagentur »Zur Rehkuh« (sie heißt wirklich so oder ähnlich) gibt es den Teamleiter Jörg Malzahn, der eigentlich gar keine Existenzberechtigung mehr hat. Weil er mit 40 viel zu alt für den Job in der Werbung ist. Er hätte also gute Gründe, hübsch bescheiden im Hintergrund zu bleiben und sich zu freuen, dass er überhaupt noch arbeiten darf. Mit über 35 ist man nämlich tot in dieser Branche. Aber was macht der Mann? »Es gibt keine Kampagne, die er nicht in der Luft zerreißt. Wenn unser Oberboss einen neuen Kunden präsentiert, macht Malzahn ihn erst mal nieder. Er bohrt dabei in der Nase und schaut demonstrativ zur Decke, also er benimmt sich wie Sau«, erzählt die Texterin Nicole (26). »Wenn jemand seine Ideen auf den Tisch legt, wird er total aggressiv und macht missmutige Zwischenbemerkungen wie »Wär ich heute doch bloß im Bett geblieben«, oder »Bin ich denn nur von Dilettanten umgeben?«. Was ich aber nicht verstehe: Warum hat der Mann Narrenfreiheit? Okay, er ist gut – wenn er mal ausnahmsweise einen konstruktiven Vorschlag macht, trifft der meistens ins Schwarze –, aber so wie der sich benimmt, wäre jeder von uns schon längst gefeuert. Das geht mir nicht in den Kopf.«

Wir haben für dieses Buch besagten Jörg Malzahn nach seinem Geheimnis befragt; konkret wollten wir wissen: Was soll dieses theatralische »Kino« den Kollegen gegenüber? Malzahn lächelt diabo-

lisch und sagt: »Genau das ist mein Erfolgsrezept. Sehen Sie es doch mal so: Die ganze Agentur besteht (so wie alle anderen Agenturen übrigens auch) zu 99 Prozent aus gleichgeschalteten und gleichgestylten gelackten Nachwuchs-Werbeheinis, die außer ihrer eigenen Karriere nichts im Kopf haben. Ich kann mir vorstellen, wie mein Boss deshalb abkotzt. Der kriegt doch niemals Kontra. Außer von mir. Okay, ich kenn den Laden in- und auswendig und hab meinen Job noch anständig gelernt, insofern kann ich mir tatsächlich ein bisschen mehr leisten als diese Yuppies. Aber ich pflege das bewusst. Erst einmal ist grundsätzlich alles Quatsch, was ich höre und auf den Tisch kriege. Ich bin der Schrecken jedes Meetings. Wenn ich in Urlaub bin, atmen die anderen auf. Aber der Boss langweilt sich. Weil keiner Kontra gibt. Verstehen Sie, was ich meine? Ich bin der Böse, der Antipol, der Nein-Sager. Das kann man natürlich nur machen, wenn man echt besser ist als die anderen, aber wenn – dann ist es die ideale Überlebensstrategie. Denn die Mutigen, lieber Freund, die Mutigen sind rar geworden. Kein Boss liebt sie. Ganz an die Spitze kommen sie nie. Aber jeder Boss braucht sie.«

Und was ist nun mit der zweiten Spezies, von der hier die Rede war? Warum leisten sich die Inkompetenten so eine große Klappe, anstatt sich klug zurückzuhalten? Denn auch die gibt es in jeder Firma. Sie wissen alles besser, drängeln sich ständig vor und haben zu allem eine Meinung. Aber sie sind unauffindbar, wenn es um die konkrete Umsetzung von Beschlüssen geht. Sie sind großartig im Delegieren, fassen aber nur selten selbst mit an. Sie spielen gern Häuptling, aber sie haben kaum das Rüstzeug zum gemeinen Indianer. Sie könnten nicht mal einen Hund führen. Geschweige denn ein Team. Aber man kann drauf wetten: Trotzdem kriegen sie über kurz oder lang einen Führungsjob! Warum?

Die Antwort ist kurz und schmerzhaft: weil Chefs drauf reinfallen und gar nicht wissen können, wer eigentlich die Arbeit macht. Im Rudel hören sie nur das lauteste Geheule. Wer Krach macht, fällt auf. Wer auffällt, muss gut sein. So schlicht ticken Chefs. Und wir, die Guten, die Stillen, die Wegschaffer und Malocher, wir gucken wieder einmal in die Röhre.

16 | WIE NUTZEN MEINE KOLLEGEN
DIE FIRMA AUS?

Man ahnt gar nicht, wie viele verbotene Privatgeschäfte in deutschen Firmen gemacht werden. Wir sprechen hier nicht vom Klau eines Kulis. Nein – es gibt Tausende, die mit ihrem Nebenjob mehr Kohle machen, als auf ihrem Gehaltsstreifen steht. Und zwar in der Firma, quasi direkt vor den Augen der Chefs.

Ein wenig krass und sicher nicht in jeder Firma praktizierbar ist der Blumenladen der kaufmännischen Angestellten Liese K., der sich direkt in ihrem Arbeitszimmer in einem großen deutschen Margarinekonzern befand. Dort standen jahrelang jeden Morgen an die 30 frische Blumensträuße in großen Vasen; es gab kleine Bäume in Töpfen und anmutige Pflanzen je nach Jahreszeit vom Stiefmütterchen bis zum Männertreu, von prächtig blühenden Margeriten bis zum wuchernden Efeu. Einen Schreibtisch samt Computer und Telefon gab es natürlich auch; man musste nur ein wenig danach suchen in diesem ungewöhnlichen Gewächshaus. Die Kollegen kamen aus allen Ecken des sechsstöckigen Gebäudes; manchmal standen sie sogar Schlange, und Liese K. war wirklich eine sachkundige Floristin. (Ihr Vater hatte eine Gärtnerei, in der sie als Kind viel ausgeholfen hatte – bis sie sich entschloss, eine kaufmännische Laufbahn einzuschlagen.) Sie hatte sogar feste Öffnungszeiten in ihrem Büro, die ganz gut sichtbar auf einem Zettel an der Bürotür standen: »Lieses flower-shop, Mo–Fr 13–14 Uhr« stand da!

So ging das eigentlich ohne Stress, bis Frau K.s Abteilung einen neuen Chef bekam. Der machte ein Gesicht, das noch länger war als die Schlange vor der Tür in der Mittagspause, wo alle ihre frischen Blumen kauften. Ab sofort, so verfügte er, sei des blumigen Treibens ein Ende und Frau K. wieder das, wofür sie bezahlt werde, nämlich ein fleißiges Lieschen, und zwar als kaufmännische Angestellte.

Liese K. weinte und ging zum Betriebsrat. Der wartete schon lange auf eine Gelegenheit, sich der Firmenleitung gegenüber zu profilieren (Lesen Sie dazu noch einmal Kapitel 10 über Drückeberger im Betriebsrat!), und behauptete dreist, der neue Abteilungsleiter wolle den bemitleidenswerten Angestellten Aufzucht und Pflege von

Zimmerpflanzen verbieten. Da sei aber der Betriebsrat vor, den man doch bitte bei der demnächst anstehenden Wahl im Amte bestätigen möge usw. Die Sache wurde unter der Hand geregelt: Frau K. bekam eine Abfindung und eröffnete einen neuen Blumenladen außerhalb des Margarinekonzerns. Der Betriebsrat wurde im Amt bestätigt. Es gab also nur Gewinner. Aber Privatgeschäfte werden nach wie vor in deutschen Firmen gemacht, ohne dass die Chefs auch nur den Hauch einer Ahnung haben. Sie, weil Sie ja zu den Guten zählen, erfahren nur selten davon, oder Sie profitieren selbst von diesen Geschäften und werden deshalb nichts verraten.

Wenn man zum Beispiel so wie der türkischstämmige Speditionskaufmann Mahmed I. in einem großen Hamburger Logistikunternehmen mit Elbblick für die Verschiffung von Containern zwischen Hamburg und Istanbul zuständig ist und ohnehin jeden Tag ein paar Dutzend Telefonate mit der Türkei führt, ständig E-Mails und Faxe verschicken und mehrmals im Jahr beruflich in der Heimat unterwegs sein muss, so wird das Führen eines deutsch-türkischen Reisebüros auf Kosten des Logistikunternehmens, aber zum Wohle der eigenen Schwarzgeldkasse kein größeres Problem darstellen. Sämtliche normalerweise anfallenden Bürokosten – als da wären: Raummiete, Heizung, Telefon, Fax, Internet, Papier, Porto, Kleinigkeiten wie Heftklammern, Klebestifte, Terminmappen, Notizblöcke und was der fleißige Kleinunternehmer alles sonst noch braucht – sind doch schon mal vorhanden und bezahlt. Jetzt braucht man nur noch Billigflüge bzw. -busreisen auf der einen und deutsch-türkische Urlauber auf der anderen Seite. Kommt ein störender Kollege oder Chef ins Büro, und in so einem Fall stören sämtliche Kollegen und Chefs, sagt man auf Türkisch »Ich ruf gleich zurück« und legt auf.

Das muss doch auffallen? Nein, das fällt nicht auf. Zumal besagter Speditionskaufmann derart fleißig war, dass er auch die Wochenenden im Büro verbrachte, und da störten dann weder Kollegen noch Chefs; dafür wurden sogar Reiseprospekte auf dem firmeneigenen Farbkopierer gedruckt. Und zwar im zweistelligen Tausenderbereich.

Private Telefonate, Mails und Internetnutzung sind in manchen Firmen verboten, in anderen geduldet, in wieder anderen erlaubt. Auch hier muss man von Branche zu Branche unterscheiden. Die

unterforderte Sekretärin in der Lohnbuchhaltung kann zum Beispiel sehr gut schaffen, was der Kassiererin in einem Aldi-Markt nicht möglich sein wird: während der Arbeitszeit eBay-Geschäfte machen! Ein ganz entscheidender Faktor. Was in Büros zwischen 8 und 16 Uhr verscherbelt und angekauft wird, dürfte die deutsche Volkswirtschaft jedes Jahr Millionen Euro allein an entgangener Arbeitskraft kosten; zuzüglich den anfallenden Internet-Gebühren. Aber wer will schon kleinlich sein?

Das Problem ist: Ihre Kollegen (Sie natürlich nicht) nutzen die Firma schamlos aus, und die Firma merkt es nicht. Betriebsräte und Gewerkschaften machen sich in der Regel für die Schmarotzer stark. Die Guten (also Sie) haben kaum Gelegenheit, von diesen Institutionen auch einmal zu profitieren.

Mahmed I. betreibt sein Reisebüro heute noch, obwohl er zwischenzeitlich einen Chef hatte, der seinem Treiben eher missmutig zuschaute. Dieser Chef hielt sich nämlich selbst gern an Wochenenden in der Firma auf. Mahmed war etwas leichtsinnig geworden und machte sich inzwischen nicht einmal mehr die Mühe, beim Prospektekopieren neben dem Kopierer stehen zu bleiben. Der Konferenzraum sah an manch einem Wochenende wie eine TUI-Filiale aus. Und weil doch nicht alle Telefonate auf Türkisch geführt wurden, bekam der Chef halt so einiges mit.

Er griff, wie man so sagt, hart durch. Nämlich fristlos: Hausausweis und Schlüssel abgeben, gleich vom Sicherheitsdienst vor die Tür gesetzt, Regressforderungen wegen Unterschlagung vorbehalten usw., die volle Länge. Leider ein bisschen zu vorschnell: Mahmed war nichts nachzuweisen außer einigen privaten Fotokopien, er arbeitet heute – dem Betriebsrat sei Dank – immer noch in dem Logistikunternehmen, nur der damalige Chef wurde inzwischen gefeuert.

Ach, wenn das Leben doch ein Western wär! Im Kino gewinnen immer die Guten. In der Firma gewinnen die Schlawiner, die Verbrecher, die Klauer, die Schwätzer, die Großkotze, die Ja-Sager, die Abnicker, die Mit-dem-Geld-der-Firma-Rumschmeißer, die Nixkönner, die Gaukler, die Luftblasen, die Delegierer, die Schönredner und die Sich-selbst-Bediener. Jemanden vergessen?*

---

* Ja. Die Arschkriecher.

17 | WIE BEREICHERN SICH DIE KOLLEGEN?

Auch in Handwerksbetrieben wird gedingelt und gedealt, dass es eine wahre Freude ist. Zuallererst sind hier die Handwerker im öffentlichen Dienst zu nennen. Es gibt in ganz Deutschland offenbar keine glücklicheren Malocher als die vom Staat bezahlten. In diesen Betrieben versickern Millionen Euro, die eigentlich uns Steuerzahlern gehören.

Es ist zum Beispiel unter Feuerwehrmännern üblich, dass jeder Kollege dem anderen beim Hausbau hilft. Das bietet sich auch an, weil jeder Feuerwehrmann, bevor er ein solcher wird, in der Regel ein solides Handwerk gelernt hat. Da sitzen auf einem Löschzug Klempner, Elektriker, Maurer, Tiefbauer und Dachdecker neben- oder hintereinander. Zum Glück brennt es ja nicht ständig irgendwo. Also hat man viel Zeit. Was meinen Sie, was da alles hergestellt wird! Ein Feuerwehrmann zeigte dem Autor dieses Buches stolz sein schmiedeeisernes Gartentor und den hochwertigen, dazu passenden Zaun einmal rund ums Grundstück. Geschätzter Wert: mindestens 20 000 Euro. Alles auf lau. Hergestellt und geschweißt von seinem Kumpel. Im Dienst. »Nächstes Jahr baut er selbst ein neues Haus. Ich bin Elektriker, und das meiste haben wir in der Werkstatt liegen … Fällt doch gar nicht auf!« Null Unrechtsbewusstsein. Ist eben so. Kollegenhilfe. Okay? Na gut: Okay. Schließlich lieben wir unsere Feuerwehr. Spätestens, wenn's bei uns brennt.

Aber auch in privaten Handwerksbetrieben wird ein Teil der Arbeitszeit verballert und auf Deubel komm raus das Firmenvermögen geschmälert. So erzählt ein Maschinenführer: »Ich weiß von einem Fall, den finde ich schon krass. Das ist ein Kumpel von mir. Er macht Material gezielt kaputt, so dass es unbrauchbar aussieht, ausgemustert wird und auf die Mülle kommt. Da fährt er es selbst hin. Angeblich. Aber es landet bei ihm im Schuppen, und er dealt damit. Ausschussware …«

18 | WIE ZIEHEN MANCHE IHRE ARBEIT IN DIE LÄNGE?

Wir wollen nicht ungerecht sein. Aber wer sich so in der Arbeitswelt umhört, der kommt um den Eindruck nicht umhin, dass unsere Staatsdiener im Vergleich zu privat Angestellten ziemlich faul sind. Ein Vorurteil? Nein, denn es geht hier nicht um die viel verspotteten Beamten; auch nicht um Ärzte, Krankenschwestern, Feuerwehrleute oder Polizisten. Sondern es geht noch einmal* und diesmal ausdrücklich um Handwerker im öffentlichen Dienst. Die sind wirklich Weltmeister darin, ihre Arbeit in die Länge zu ziehen. Als Angestellter eines Privatunternehmens mit Zeitdruck und dem Chef im Nacken kann man davon nur träumen!

Am deutlichsten wird das, wenn man zwei ähnliche Dienstleistungen miteinander vergleicht und einmal beobachtet, wie ein privater und wie ein staatlicher Bautrupp arbeitet. Das ist wirklich sehr, sehr spannend.

Im Sommer 2007 mussten im Hamburger Hafen die Planken an zwei Anlegestellen ausgebessert werden. Der Reparaturaufwand war in etwa gleich hoch. Die eine Anlegestelle war in Privatbesitz. Die andere gehörte dem Staat.

Der private Unternehmer, ein Yachthafenbesitzer, rief drei Unternehmen seines Vertrauens an. Alle drei schickten jemanden zum Ausmessen und gaben innerhalb einer Woche Kostenvoranschläge ab, die sich auf ca. 5000 Euro beliefen. Der Billigste, übrigens ein Pole, bekam den Auftrag. Zwei Wochen später waren die Planken ausgebessert.

Die für den staatlichen Anleger zuständige Behörde, von einem Schiffsführer mehrfach auf die defekten Planken hingewiesen, schickte zwei Beamte der mittleren Laufbahn. Die besahen sich den Schaden, machten sich Notizen und gingen frühstücken. Einige Wochen lang geschah nichts. Dann wurden auf dem Anleger vier Mitarbeiter der staatlichen Steg-Reparaturwerkstatt gesichtet, die den Schaden ebenfalls betrachteten und ohne weitere Notizen

---

*Siehe vorheriges Kapitel

frühstücken gingen. Wieder zehn Tage später fuhr ein Arbeitsboot vor. Diesmal wurde ein Werkstatt-Ponton (mit Toilette und Pausenraum-Container!) an dem defekten Steg befestigt. Wieder passierte zunächst einmal nichts; allerdings machten sich die Bewohner eines nahe gelegenen Altenheims inzwischen über die fleißigen Handwerker im öffentlichen Dienst lustig und warteten gespannt auf den Fortgang der Arbeit.

Eines Tages, es nahte schon der Herbst, wurde die Arbeit dann tatsächlich mit der notwendigen Ruhe begonnen. Vier Leute erschienen. Zwei von ihnen hatten offenbar die Aufsicht. Sie beobachteten genau, was ihre Kollegen machten. Die entfernten die morschen Planken, aber nicht alle. Zunächst einmal galt es, der sengenden Septembersonne zu entkommen; man machte Frühstück im Schatten. Danach passierte nicht mehr viel. Mittags um eins war die Baustelle geräumt. So ging es auch am nächsten Tag: geruhsam arbeiten, lange pausieren, früh nach Hause. Ob diese städtischen Bediensteten wohl noch eine zweite Baustelle hatten, der ihr Nachmittag gehörte? Wohl kaum. Es ist einfach schön, Handwerker im öffentlichen Dienst zu sein.

Insgesamt haben die Arbeiten an diesem staatlichen Steg über drei Monate gedauert; die Zeit zwischen der ersten Besichtigung und der Genehmigung zum Beginn der Arbeiten noch nicht einmal mitgerechnet. Es waren selten weniger als vier Leute zugange. Sie arbeiteten nicht mal für zwei. Und sie kamen nie länger als drei bis vier Stunden täglich zur Arbeit.

Wir wollen hier gar nicht von den Autobahnbaustellen reden, wo ja auch der Staat als Auftraggeber fungiert und wo man bisweilen tagelang keinen einzigen Malocher schuften sieht (da kommt dann immer das Argument, der Beton müsse erst einige Wochen aushärten usw. – kann ja alles sein).

Wir wollen auch gar nicht alle Handwerker im öffentlichen Dienst miesmachen. Fakt ist jedoch: Leute – ihr wisst gar nicht, wie gut ihr es habt. Derselbe Job in der Privatwirtschaft, und ihr würdet Augen machen, wie groß da der Druck ist. Also seid heilfroh, dass euch der Staat bezahlt. Und wundert euch nicht, wenn wir ver.di-Streiks für etwas überzogen halten. Euch geht's doch eigentlich gut. Zu gut?

An dieser Stelle ist noch die Geschichte von Sören B. interessant. Der Fernfahrer aus einer niedersächsischen Kleinstadt ärgerte sich einige Jahre über allzu viele unterbezahlte Überstunden. Am Ende hatte er die Nase voll. Er wechselte in den öffentlichen Dienst, wurde Bademeister im Freibad und Schluss war mit dem Stress. Nun schob er eine ruhige Kugel und hatte immer pünktlich Feierabend. Es gab allerdings einen Haken: Im Herbst machen Freibäder zu, und dann braucht man keinen Bademeister mehr. Die Stadtverwaltung wollte ihn während der Wintermonate als Fahrer eines Streufahrzeuges einsetzen. Da allerdings hätte Sören morgens doch recht früh aufstehen müssen, und die Arbeitszeit hätte sich der Wetterlage angepasst. Sören B. lehnte es ab, im Winter ein Streufahrzeug zu fahren.

Wie hat die Stadtverwaltung wohl reagiert? Hat sie ihn vielleicht nach Hause geschickt und eine Aktennotiz fürs Finanzamt verfasst, auf dass dieser verwöhnte Faulpelz nicht obendrein auch noch dem Steuerzahler zur Last fällt? Nichts davon. Man riet ihm ganz offiziell, sich dann doch im Herbst arbeitslos zu melden und gleich mitzuteilen, dass er ab nächstem April wieder eine Festanstellung in Aussicht habe. Als Bademeister.

Da hat also jemand einen Job in der Privatwirtschaft aufgegeben, weil er ihm zu stressig war. Der Staat bietet ihm einen Schnarchjob für ein halbes Jahr an. Ein weiteres halbes Jahr zahlen wir Steuerzahler für den guten Mann. Und dann hat er seinen Schnarchjob zurück. Halten Sie das für normal?

Ziehen Sie bitte umgehend Konsequenzen aus dieser Geschichte. Bewerben Sie sich grundsätzlich auf jeden Job im öffentlichen Dienst. Ganz egal, ob Sie dafür qualifiziert sind oder nicht. Besser als Privatwirtschaft ist es allemal!

19 | WARUM MUSS ES FÜR ALLES EINEN SÜNDENBOCK GEBEN?

Der Sündenbock ist für unfähige Kollegen überlebenswichtig. Er wird gebraucht, weil irgendjemand die Schuld an allem haben muss. Nun ist der Sündenbock natürlich nicht schlechter oder fauler als die anderen; nein – meistens ist er nur herzensgut und deshalb nicht imstande, sich gegen Intrigen und Gemeinheiten zu wehren. Es gibt ihn in jeder Firma. Er wird nicht einmal gemobbt; dafür ist er nicht wichtig und gefährlich genug. Die Gemeinschaft der Luschen und Nichtskönner ist einfach gewöhnt, dass er straflos für ihre eigenen Misserfolge verantwortlich gemacht werden kann. Sie lenken die Verantwortung für alles, was schiefgeht, auf den Sündenbock ab.

»Beim Thema Sündenbock fällt mir als Erstes der Kollege M. ein«, sagt Anita F., Sachbearbeiterin in einer großen Münchner Lebensversicherung. »Er ist kein schlechter Kollege, kein unfähiger, nicht einmal faul oder arrogant – eher so eine graue Maus. Aber wenn er was sagt, verdrehen alle die Augen und stoßen so verächtlich die Luft durch die Zähne aus. Jaja, der M., heißt es dann. Was der anfasst, geht doch sowieso schief. Sie schaffen es immer irgendwie, dass er die undankbarsten Aufträge bekommt oder wenigstens am Rande damit befasst ist. Manchmal werfen sie ihm eine Bemerkung zu und wissen genau, dass er damit nichts anfangen kann, weil die Informationen einfach zu mager sind. Aber wenn es dann nicht klappt, heißt es: Das hat doch der M. übernommen, ich habe es ihm selber gesagt! Es dauert nicht lange, bis selbst der Azubi das mitbekommt und sich natürlich anschließt. Wer bei uns Scheiße baut, der wälzt sie auf M. ab. Das hat sich so eingebürgert, das ist ganz normal. M. bekommt das natürlich mit. Es geht ihm nicht sehr gut; er war auch schon mal mit Magengeschwür im Krankenhaus. Warum, das kann ich mir gut vorstellen. Aber wenn es nicht M. wäre, dann ein anderer. Darum sagt auch keiner was. Es hat doch sowieso jeder viel zu viel Angst um seinen eigenen Job, und wie es anderen geht, das interessiert doch keinen mehr. Bei uns werden demnächst 10 Prozent der Belegschaft eingespart. Natürlich wird M. dabei sein. Dann brauchen wir einen neuen Sündenbock. So läuft das heutzutage.«

20 | WIE HACKEN DIE KOLLEGEN IHRE KONKURRENTEN WEG?

Um Kollegen wegzuhacken und die eigene Position zu verbessern, ist offenbar jedes Mittel recht. Einige Stichwörter: gezielte Desinformation, Sabotage, Diebstahl, Verleumdung sowie Datenklau bzw. -vernichtung. Das sind Stasi-Methoden. Sie sind in deutschen Firmen Alltag.

Südddeutschland, ein Energiekonzern mit eigenen Reparaturtrupps. Die als besonders zuverlässig geltenden Monteure A. und L. rücken aus, um eine defekte Ampelanlage zu reparieren. Auf dem Einsatzzettel steht »Priorität 1«, was bedeutet: sehr wichtig, sofort erledigen. Auf dem Weg bekommen sie einen Anruf: Auftragsänderung, woandershin fahren. Die Ampel schaffen sie nicht mehr. Abends gibt es Riesenärger mit dem Chef. Keiner weiß, wer die beiden angerufen und zu einem vergleichsweise unwichtigen Einsatz »umgeleitet« hat. Allerdings gibt es bei den Monteuren ein »Bonussystem«: Wer am Ende eines Halbjahres die meisten erledigten Aufträge mit hoher Priorität vorweisen kann, sammelt Pluspunkte für die nächste interne Beurteilung. Am nächsten Tag passiert dasselbe. A. und L. sind unterwegs zu einem »Einser«-Einsatz, als sie telefonisch umgeleitet werden. Diesmal rufen sie zurück, um sich zu vergewissern. Von der Umleitung ist wiederum nichts bekannt. L. sagt: »Das war ein Kollege. Der gönnt uns die Punkte nicht.«

Norddeutschland, die Stadtreinigung einer Großstadt. Jeden Mittwoch wird in der XY-Straße die Mülltonne eines Restaurants geleert. Seit Jahren geht die Besatzung des Müll-Lasters dort essen und zahlt keinen Cent dafür. Dafür nehmen die Männer zwei bis drei blaue Tüten mit, die nicht mehr in die Tonne gepasst hätten. Das ist natürlich verboten. Die Stadtreinigung hat sogar eine »Interne Ermittlungsgruppe« (IEG), die den Müllfahrern heimlich folgt und ihre Arbeit beobachtet.

An einem Mittwoch im Mai 2008 meldet sich einer der drei Müllmänner krank. Ein Ersatzmann fährt an seiner Stelle mit. Als die drei das Restaurant verlassen und die blauen Tüten aufladen, werden sie angesprochen: »IEG. Sie bekommen ein Verfahren wegen

Vorteilsnahme.« Der an diesem Tag krankgeschriebene Kollege wird wenig später befördert. Die drei werden abgemahnt.

Sogar bei der Polizei gibt es Fälle von Futterneid und Wegbeißerei. Als drei Teams der Rauschgiftfahndung eine Gruppe von Dealern beobachten und den medienwirksamen »Zugriff« vorbereiten (heißt: Die Presse ist informiert und wird mit Fotografen in der Nähe sein), wird eines der Teams im letzten Moment abberufen und auf eine angeblich »heiße« Fährte geschickt, die sich hinterher als Fehlalarm erweist. Einer der betroffenen Beamten sagt: »Die wollten nicht, dass wir dabei sind, wenn die Presse kommt. Weil wir in der Gewerkschaft aktiv sind.«

Es gibt Fälle, wo aus einer abgeschlossenen Montagehalle teures Werkzeug verschwindet und bereits reparierte Kundenfahrzeuge über Nacht Kratzer am Lack bekommen, Festplatten wie durch ein Wunder gelöscht werden und es gibt natürlich auch E-Mails, die unter fremdem Namen die Runde machen und Kollegen in Misskredit bringen. Ob Fremdgehen, Impotenz oder Kinderpornos: Kein Gerücht ist so mies, dass es nicht gegen Konkurrenz in der eigenen Firma in Umlauf gebracht wird.

Dresden. Ein mittelständisches Unternehmen aus der Druckindustrie. »Kurz vor meiner Beförderung zum Abteilungsleiter war ich mit einer jungen Kollegin zum Essen verabredet. Wir fanden uns nett und waren beide Singles, also warum nicht! Als ich dann erfuhr, dass ich einen Karrieresprung machen würde und schon bald ihr neuer Vorgesetzter bin, habe ich ihr das vertraulich erzählt. Damit ich sie nicht in Schwierigkeiten bringe. Ich habe ihr angeboten, dass wir die Verabredung wieder fallen lassen. Sie hat daraufhin gesagt, dass sie unter diesen Umständen tatsächlich lieber verzichten möchte, weil man ja gesehen werden könnte, und das habe ich natürlich akzeptiert. Eine Woche später kursierte in unserer Firma folgendes Gerücht: Ich hätte ihr gesteckt, dass ich Chef werde und dass sie besser daran tut, mit mir ins Bett zu gehen«, erzählt Bernd S. (43). Er wird dabei blass vor Wut, obwohl diese Intrige drei Jahre zurückliegt. Wer dahintersteckt, meint er zu wissen: ein enttäuschter Mitbewerber um den Job, der zu besagter Kollegin aus früheren Zeiten ein recht intensives freundschaftliches Verhältnis unterhielt.

Stasi-Methoden, oder? Aber interessant ist, was aus den Akteuren geworden ist: Der Verleumder ist inzwischen wegen Korruption rausgeflogen, der Verleumdete arbeitet immer noch in der Firma, und die junge Kollegin hat sich innerhalb des Konzerns irgendwie anderweitig hochgedient. So sorgt das Schicksal in deutschen Betrieben manchmal für Gerechtigkeit, aber manchmal auch nicht.

21 | WIE TRICKSEN SICH DIE KOLLEGEN AUS EINER ECHTEN JOBKRISE?

Manchmal gerät man trotz guter Arbeit zwischen alle Stühle. Und die Krise ist da. Manchmal kann man dagegen gar nichts tun; die Umstände sind eben so. Aber für manche Kollegen führt die Jobkrise direkt ins endgültige Aus. Man sieht sie niemals wieder. Andere hingegen schaffen es immer irgendwie, dass sie wieder Fuß fassen und keiner mehr von ihrer Krise spricht. Ja, sie machen vielleicht sogar noch mal eine zweite Karriere und starten richtig durch! Der eine steckt in der Krise, als hätte er Betonfüße – der andere lacht, schüttelt sich kurz und steht wieder auf. Es muss also so etwas wie ein Gen zum Krisenmanagement geben, das man hat oder eben nicht.

Um nicht zwischen allen Stühlen stecken zu bleiben, gibt es offenbar zwei Wege. Der eine ist still: abtauchen, unsichtbar bleiben und sich von hinten wieder in das eine oder andere Lager hineinschleichen. Der andere ist laut (und riskant): Es ist der Weg über den großen Befreiungsschlag. Fangen wir mit dem mal an.

»Mein Job ist die Herstellung und der Vertrieb von Fruchtjoghurt. Ich unterstehe einem Hauptabteilungsleiter, der insgesamt zwölf Produkte in unserem Konzern verantwortet. Über dem wiederum steht nur noch der Vorstand unseres Unternehmens. Vor einem Jahr wurden wir von einem französischen Mitbewerber bedrängt, der ein ziemlich gutes Billig-Joghurt auf den deutschen Markt brachte. Unser Vorstand suchte mich dafür aus, nun ebenfalls eine Billigmarke zu produzieren und die Franzosen vom Markt zu vertreiben«, erzählt Rainer J., ein 42-jähriger Produktmanager aus NRW. »Die Vorgabe hieß: ›Mach das Produkt so gut, wie es geht, ohne Rücksicht auf unsere eigenen Produkte. Wenn die Franzosen weg sind, nehmen wir das Zeugs sowieso wieder vom Markt.‹ Okay: Ich hab alles gegeben und binnen kürzester Zeit lag unser neues Joghurt in den Regalen. Ich war natürlich die ganze Zeit immer noch unserem Hauptabteilungsleiter unterstellt, denn ich war ja nur ›ausgeliehen‹ für diesen Abwehrkampf. Was passierte aber? Seine zwölf Produkte, darunter auch mein ehemaliges, machten plötzlich 10 Prozent weniger Umsatz, weil die Leute alle mein neues Billig-Dingsbums kauften! Das

war aus Sicht des Vorstands auch so einkalkuliert, aber mein Chef schäumte. Weil seine eigene persönliche Bilanz in den Keller ging. Purer Egoismus statt Loyalität zum Arbeitgeber und letztlich auch zu mir, denn schließlich kämpfte ich doch für unsere eigenen Produkte! Jetzt saß ich zwischen allen Stühlen, wurde als Verräter und karrieregeiler Egomane beschimpft und tatsächlich persönlich attackiert. Die versprochene Hilfestellung aus Marketing, Werbung und Vertrieb blieb aus, ich stand ganz alleine da mit meinem Joghurt und habe monatelang kaum noch geschlafen. Was sollte ich machen? Ich bin ohne Rücksprache mit meinem Chef direkt zum Vorstandsvorsitzenden gegangen und habe mich dort beschwert. Das ist an und für sich ein Unding und reicht meistens schon aus, um gefeuert zu werden. Der Boss hat ein Machtwort gesprochen. Ich habe den Job noch ein weiteres halbes Jahr lang gemacht, dann waren die Franzosen vom Markt verdrängt, ich bekam eine Gratifikation und meinen alten Job wieder zurück. Das war aber echt knapp. Ich sah mich schon auf Frührente …«

Der Mann spricht allerdings nicht darüber, wie sich das Verhältnis zu seinem Hauptabteilungsleiter nach dieser Krise entwickelt hat. Das ist auch nicht mehr wichtig, weil der nämlich kurz nach der Sache mit den Franzosen gefeuert wurde. Glück gehabt. Aber dann verrät er trotzdem: »Man trifft sich manchmal in einem Restaurant, aber man grüßt sich nicht mehr.«

Den »stillen« Weg gehen natürlich mehr Arbeitnehmer, denn er ist nicht so riskant. »Wir sind eine Firma mit insgesamt 60 Leuten; wir machen alles rund ums Haus – vom Hausmeisterservice über Installation bis zum Dachdecken«, beginnt die Geschichte von Roland M. (37) aus der Gegend von Papenburg (Ems), »ein familiengeführtes Unternehmen, dem es immer supergut gegangen ist. Bei uns gab es alle Freiheiten bis hin zum privat genutzten Firmenwagen, Überstunden ohne Ende, Weihnachtsgeld und alles. Dann kam die Krise. 20 Prozent weniger Umsatz. Unser Juniorchef hatte den Laden gerade übernommen. Für ihn war klar: 20 Prozent Kosten müssen runter. 20 Prozent von alles, wie das in der Werbung so schön heißt. 20 Prozent weniger Qualität, 20 Prozent weniger beim Einkauf, bis runter zum Toilettenpapier, 20 Prozent weniger Überstunden – und 20 Prozent weniger Gehälter, was bei 60 Leuten im-

merhin 12 Kündigungen bedeutet, oder jeder verzichtet auf 20 Prozent, aber das wollte keiner. Okay, ich bekam den Job, ein Konzept zu machen. Also den eigenen Laden durchforsten. Ich sage heute: Es war die Hölle. Vom beliebten Kollegen wurde ich plötzlich zum Kollegenschwein. Es hat einfach keiner begriffen, dass ich was Gutes für die verbleibenden Kollegen mache, und dass wir uns von einigen schwachen Kollegen trennen müssen. Es hat überhaupt keiner mehr mit mir geredet. Ich war geschnitten. Zwischen allen Stühlen. Ich hab es dann so geregelt, dass ich mit meinem Konzept einfach nicht fertig geworden bin und immer neue Ausreden gesucht habe, denn so konnte ich nicht arbeiten. Wie die Sache ausgegangen ist? Meine Ehe ist darüber kaputtgegangen, die Firma ist aufgesplittet und verkauft worden. Insgesamt hat es nicht 12, sondern 16 Kollegen den Job gekostet. Aber ich – ich bin immer noch dabei.«

22 | UND IST ES GEFÄHRLICH, WENN ICH SO GAR NICHT FIES SEIN KANN?

Ja, das kann gefährlich werden. Ihre guten Eigenschaften sollen Sie natürlich behalten: Ihre Liebenswürdigkeit, Ihre Unbefangenheit den Kollegen gegenüber, Ihr einnehmendes Wesen und Ihre allseits gerühmte Herzlichkeit. Aber wenn Ihnen die Begabung fehlt, auch mal so richtig fies und gemein sein zu können, dann sind Sie im Haifischbecken fehl am Platz. Dann werden Sie ausgebootet und links liegen gelassen. »Man muss nicht hart sein, aber man muss hart sein können«, sagt Chefsekretärin Marlies K. aus einem metallverarbeitenden Betrieb in Castrop-Rauxel: »Rund um dich weg arbeiten lauter Fieslinge, da kannst du keine Oase der Liebenswürdigkeit sein. Sonst gehst du baden.«

Das ideale Mischungsverhältnis aus nett sein und fies sein können schildert uns Benjamin A., ein Anlageberater aus Hamburg, mit diesen durchaus zutreffenden Worten: »Melde dich in jedem Meeting als Erster zu Wort. Sage zunächst, wen du im Moment ganz toll findest. Schmiere zwei Kollegen Honig um den Bart. Richte dann einen dritten Kollegen hin. Sei dabei so fies und gemein, wie du nur kannst. Dann hast du dein Ziel erreicht: zwei Freunde gemacht, einen Feind gewonnen und vor allem – sehr viel fürs Image getan. Mach das dreimal hintereinander und sie werden dich alle anstarren: Wen lobt er heute? Wen richtet er hin? Wenn du dann auch noch weißt, wie dein Chef tickt und dich genau daran hältst – wenn du also genau das ausprichst, was dein Chef aus irgendwelchen Gründen so hart nicht formulieren kann –, dann bist du King. Dann bist du reif fürs Haifischbecken. Du wirst erleben, dass die Kollegen deine Nähe suchen. Sie schleimen sich bei dir ein. Sie wollen im nächsten Meeting dein Lob. So läuft das ab. Die meisten bleiben in der Deckung und haben Angst, dass sie verzocken. Du bist fies, mutig und ohne Deckung. Aber du kannst auch loben! Das ist der Mix, Baby. So läuft's.«

3. TEIL:
DIE KOLLEGEN UND IHRE MACKEN

23 | WARUM DARF ICH NICHT JEDEN KAFFEEBECHER BENUTZEN?

Dieses Kapitel handelt von dem Kindergarten namens Firma. Es ist unglaublich, wie kindisch sich die Kollegen benehmen. Wir, also die Guten, fassen uns manchmal an den Kopf und fragen vollkommen zu Recht, ob die Leute eigentlich nichts Besseres zu tun haben.

»In unserer Kaffeeküche stehen jede Menge verschiedene Kaffeebecher im Schrank, also so ein bunter Mix von allem«, erzählt Sabine F., Sachbearbeiterin beim TÜV in K. »Gleich an meinem ersten Tag geh ich fröhlich in die Küche, schnappe mir einen Becher und nehme mir einen Kaffee. Huiii, da war was los! Stürmt doch so eine ältliche Schnepfe von hinten wie eine Furie auf mich los und keift, ich solle gefälligst ihren Kaffeebecher wieder zurückstellen. Der Becher trug übrigens die Aufschrift »Schnuckelchen«. Ich schau sie so an und sage: Wieso, mit Schnuckelchen können Sie doch wirklich nicht gemeint sein! Ich kann nämlich ziemlich spitz sein, wenn ich will. Am nächsten Tag hab ich ihr einen Becher mitgebracht, auf dem stand »Schnepfe«. Seitdem spricht sie überhaupt nicht mehr mit mir, aber ihren alten Becher lasse ich seitdem natürlich in Ruhe.«

Der eigene Kaffeebecher ist in fast allen Betrieben das verzweifelte Symbol von enteierten und enthirnten Herdentieren dafür, dass sie sich bei aller Gleichschaltung doch noch einen Hauch von Individualität bewahrt haben. So nach dem Motto: »Ihr habt mir meine Persönlichkeit geraubt und meine Kreativität genommen, ihr habt mich zum Deppen gemacht und behandelt mich wie einen Sklaven. Aber meinen Kaffeebecher, den könnt ihr mir nicht nehmen. Den verteidige ich.« Es empfiehlt sich jedenfalls dringend, vorm ersten Kaffee erst einmal zu erkunden, welche Becher heilig sind und welche man getrost nehmen darf.

24 | WARUM DARF NICHT JEDER DIE BLUMEN GIESSEN?

In vielen Betrieben ist es mit den Blumen so wie mit den Kaffee-
bechern: Nicht jeder darf an alles ran; es gibt unglaubliche Empfind-
lichkeiten und Privilegien. So ist das z.B. im Einwohnermeldeamt
der südwestdeutschen Kleinstadt R., wo eine Reihe von hübschen
Töpfen die Büros zieren. Die ca. 60-jährige Sachbearbeiterin Else F.
kommt morgens extra eine halbe Stunde früher zur Arbeit, um sie
alle zu gießen. Das macht sie seit 15 Jahren so. Kürzlich wagte es
nun ein junger Kollege, der sich des grünen Daumens rühmt, hier
mal ein gelbes Blatt abzureißen und dort mal etwas nachzufüllen. Er
hatte wenig später Angst um sein Leben. »Die ist mit der Gießkanne
in der Hand hinter mir hergerannt und hat versucht, sie mir auf den
Kopf zu hauen«, schildert er total verwirrt. »Dazu hat sie gekreischt
wie eine Adlermutter, der man die Eier klauen will. Ich bin nur noch
gelaufen.« Er hat sich übrigens am nächsten Tag entschuldigt, indem
er ihr einen stattlichen Gummibaum mitbrachte. Seitdem lächelt sie
ihn manchmal wieder an.

Tja, und warum ist das nun so? Grünpflanzen sind die »grüne
Insel« in der oftmals als kalt und herzlos empfundenen globali-
sierten Welt der Großkonzerne. Das Kleingarten-Refugium, einge-
zwängt in Blumentöpfe. Heilig und unantastbar. So wie die eigene
Kaffeetasse.

25 | WAS VERSTECKEN DIE KOLLEGEN IN IHREM SCHREIBTISCH?

Pornos, Appetitzügler, Haarbürsten, Notizen über Fehler der Kollegen, Ohrringe, Lippenstifte, Jägermeister, Tampons, Nasenspray, Präservative, Hasch, Papiertaschentücher, Süßigkeiten, Vierkant-Türöffner für von innen verschlossene Toiletten, Zweitschlüssel für ebendiesen Schreibtisch, eingesehene und heimlich ausgedruckte Mails von anderen Kollegen, Dildos, Liebesromane, private unbezahlte Rechnungen, Monatsbinden, Muscheln von der Nordsee, Rätselhefte, Beruhigungstabletten, Gleitcreme, Aspirin für den Fall des Infarkts, Konzepte für die eigene Karriere, Talisman, Handy-Ladegerät, viele Ersatzfeuerzeuge, Pille für danach, Schminkspiegel, Ohrstöpsel, im Internet gekauftes Viagra, Lexikon Deutsch-Englisch, Familienfotos, Zettel mit Zeitangaben über zu spät kommende Kollegen, Urlaubsbilder, Bonbons, Codes zum Abfragen des Anrufbeantworters, Visitenkarten, Nagelknipser, Kopfhörer, Ersatzstrümpfe, Stricke zum Abseilen für Großfeuer, Pfefferspray, Gaspistolen, Schlagringe, offene Messer*, Knirps, Hasslisten über Kollegen, Wohnungszweitschlüssel, Schuhputzzeug, ihr Tagebuch, Süßstoff, Kontaktlinsenflüssigkeit, Lottoscheine, Kartenspiele, Kennworte für eBay, Bewerbungsschreiben für die Konkurrenz, Bargeld, Blasenpflaster, Parfümproben, Staub, Flusen, Zettel mit Glückszahlen, Werkzeugetuis, Warenproben aller Art, Taschen-Schach, Taschenlampe, Kekse, Underbergs, Flaschenöffner, Kerzen, Ersatz-Slips, mitgebrachten Sand vom letzten Urlaub und und und.

Die vier letztgenannten Utensilien finden sich vorzugsweise in den Schreibtischen von Mitarbeitern des öffentlichen Dienstes, die direkten Kundenkontakt zu Angehörigen einer eher bildungsfernen Bevölkerungsschicht haben.

26 | WARUM SIND DIE MEISTEN FIRMENKÜHLSCHRÄNKE SO VERSAUT?

Wenn es in den Köpfen der Kollegen so aussieht wie im Etagenkühlschrank, dann müssten wir eigentlich schreiend davonlaufen. Weil wir von psychisch Gestörten umzingelt sind. Von lauter unterentwickelten Monstern ohne jede soziale Kompetenz. »Schimmel, Essensreste, Ränder von Flaschen, vergammeltes Joghurt, faules Obst, es ist eine Katastrophe«, klagen Arbeitnehmer unisono. Am schlimmsten sehen die Kühlschränke in Abteilungen aus, wo besonders viele Frauen arbeiten. Es ist offenbar so, dass Frauen in der Firma alles an Frust ablassen, was sich beim Putzen zu Hause anstaut, nach dem Motto: Ich mache schon zu Hause sauber, dann kann ich mich wenigstens hier gehen lassen. Grundsätzlich wird auch benutztes Geschirr in der Firma nicht etwa in den Geschirrspüler gestellt, obwohl es in den meisten Kaffeeküchen einen gibt, sondern es wird dreckig mit Besteck auf die Ablagefläche neben dem Spülbecken geknallt und dort stehen gelassen, und nur ganz wenige machen sich die Mühe, den Geschirrspüler auch mal einzuräumen, anzuschmeißen oder gar wieder auszuräumen. Sie nehmen nicht einmal ein Stück Papier und entfernen ihre Essensreste vom Teller, obwohl der Mülleimer direkt daneben steht! Vor allem in der warmen Jahreszeit ist das lecker, wenn die Sonne in die Kaffeeküche knallt und der halb leergefressene Kantinenteller bereits nach wenigen Stunden ein interessantes Eigenleben beginnt. Denn nun kommt noch der »Broken Windows«-Effekt hinzu.

Diesen Begriff prägte ein früherer Bürgermeister von New York. Er hatte festgestellt: Wenn an einem einzigen Haus im Stadtviertel auch nur eine einzige Fensterschreibe zerbrochen ist, entwickelt sich kurz danach das ganze Viertel zum Slum. Deshalb ließ er darauf achten, dass nirgendwo mehr einzelne Fenster kaputt oder einzelne Mülltonnen umgestürzt waren, und machte mit diesem kleinen Trick aus verkommenen Straßen recht gepflegte Wohngebiete. In der Kaffeeküche ist es genauso. Bis zum späten Vormittag bietet sie noch einen passablen Anblick. Dann knallt der erste Drecksack seinen halbleeren Teller auf die Ablage und schwupp – schon gesellen sich

fünf weitere dazu und entwickeln gemeinsam diesen unnachahmlichen Gestank, den es nur in Kaffeeküchen gibt.

Deutsche Arbeitnehmer benehmen sich in der Küche ihrer Firma wie Sau. Es gibt kaum eine Firmenküche, in der nicht mit großflächigen selbst gemalten Plakaten darauf hingewiesen wird, dass dies eine Gemeinschaftsküche sei, dass man »BITTE DAS GESCHIRR SELBST EINRÄUMEN« möge und dass »ich nicht eure Putzfrau bin«, Letzteres natürlich meistens anonym. Es muss Zigtausende in diesem Lande geben, die »nicht eure Putzfrau« sind! Warum das nun so ist, darüber hat wohl jeder Arbeitnehmer schon einmal nachgedacht. Vermutlich fühlen sich die meisten Menschen von ihren Arbeitgebern ausgenutzt und verarscht. Es fehlt ihnen an der Corporate Identity. Sie wissen natürlich, dass sie sich unsozial verhalten, wenn sie den Kühlschrank verdrecken lassen und ihr Geschirr nicht einräumen. Aber aus einer kindlichen Trotzreaktion heraus machen sie es gerade: »Soll doch wer anders ...« »Wieso immer ich ...« »Die anderen machen es doch genauso ...« »Soll doch der Chef jemanden einstellen dafür ...« Aber mal ehrlich: Mit dieser Einstellung werden wir nie wieder Weltspitze sein.

27 | WARUM DRÜCKT JEDER IM LIFT AUF DEN »TÜR ZU«-KNOPF?

Achten Sie mal drauf! Mittagszeit, Erdgeschoss, Fahrstuhl, Gong, Tür geht auf, fünf Kollegen steigen ein. »Mahlzeit!« »Mahlzeit.« »Mahlzeit.« »Mahlzeit!« »Mahlzeit.« Einer drückt die 3, einer drückt die 6, einer will auf 3 oder 6 und drückt deswegen nix, einer drückt die 7, einer vergisst zu drücken und drückt die 5, wenn schon die 6 aufleuchtet, der muss dann erst auf die 7 und wenn er Pech hat, noch höher rauf, weil der Lift erst alle Fahrten aufwärts annimmt, auch die von außen kommen, und dann fährt er erst wieder runter. Aber darum geht es hier nicht. Nein – wo immer der Lift einen Zwischenstopp macht, sei es nun bei Abfahrt im EG, auf der 3, der 6, der 7 oder noch höher. Garantiert drückt einer ungefähr eine Zehntelsekunde, bevor die Fahrstuhltür zugeht, hektisch auf den »Tür zu«-Knopf. Völlig bescheuert! Das passiert jeden Tag ungefähr 5 Millionen Mal in deutschen Firmen! Und sie drücken nicht nur einmal, nein, mindestens dreimal! Wusch, wusch, wusch. Keiner stört sich daran. Das ist political absolut correct. Da sagt keiner: »He, Sie Depp, warum drücken Sie ständig auf diesen Knopf?«, obwohl man diese Frage dringend mal stellen müsste! Denn allein der Dusselkopf, der zu blöd ist, um rechtzeitig auf die 5 zu drücken, und deshalb über die 7 oder sogar noch höher rauffahren musste, um danach bei der Abwärtsfahrt vielleicht mit Zwischenstopp auf 11, 9 und 6 am Ende doch noch die 5 zu erreichen, verbringt durch seine Schusseligkeit ungefähr 350 Mal so viel unnütze Arbeitszeit im Lift, wie er durch ständiges Drücken des »Tür zu«-Knopfes auf allen seinen Stationen (EG, 3, zweimal die 6, 7, 11) einspart, denn die Fahrstuhltür geht beim Drücken des »Tür zu«-Knopfes nur gefühlte 0,5 Sekunden schneller zu, als sie sowieso zugehen würde.

Aber es drückt ja nicht nur einer auf diesen blöden Knopf, von dem eigentlich keiner so genau weiß, wozu er eigentlich gut ist. Der »Tür auf«-Knopf, na gut: Da kann man immerhin noch argumentieren, dass vielleicht eine Mutter mit Hund, Oma im Rollstuhl und Drillingskinderwagen eben noch einsteigen möchte, und da ist es doch höflich, wenn man ihr nicht die Fahrstuhltür vor der Nase zu-

sausen lässt, sondern ihr mittels des »Tür auf«-Knopfes ein wenig mehr Luft verschafft, wofür sie einen wahrscheinlich anlächeln und danke sagen würde oder so. Oder jemand, der draußen steht, erzählt dir gerade, wer dein neuer Chef wird, und du hast blöderweise schon auf die 5 gedrückt: Auch dann ist es gut, wenn es den »Tür auf«-Knopf gibt, weil er nämlich deine Karriere entscheiden kann.

Aber der »Tür zu«-Knopf? Du springst in den Lift und der wartet noch einen Moment und draußen eilt dein Lieblingsfeind herbei, mit dem du keinesfalls im Lift fahren möchtest, ja, da kann man dann schon mal hektisch auf den Knopf drücken, in der Hoffnung, dass die Scheißtür endlich zugeht, bevor diese Kakerlake sich auch noch reindrängt. Aber das ist ja in der Regel gar nicht der Fall. Jeder drückt ständig auf diesen Knopf, ach so, wo waren wir stehen geblieben: »Es drückt ja nicht nur einer auf diesen blöden Knopf.« Genau! Die meisten Fahrstühle haben links so eine Knopfleiste und rechts noch eine, und die Deppen stehen an beiden Seiten und drücken auf »Tür zu«! Ohne dass eine Kakerlake zuzusteigen droht! Wären an der Hinterwand vom Fahrstuhl auch noch zwei Knopfleisten mit »Tür zu«-Knöpfen, würden da garantiert auch noch zwei Deppen draufklopfen.

Es ist ganz einfach so, dass »Tür zu«-Knopf-Drücken Vitalität, ständige Einsatzbereitschaft, »Ich werde überall gebraucht«, »Der Chef wartet auf mich« und »Haltet mich ja nicht auf« signalisiert. Es ist wie Gas geben im Leerlauf an der Ampel bei Rot, wie Reifenabrieb auf heißem Asphalt, es ist einfach wichtig.

Drücken Sie nie wieder diesen Knopf. Die vier Kollegen hinter Ihnen haben dieses Buch auch gelesen. Und wenn sich die Tür hinter Ihnen schließt, dann lachen die über Sie.

28 | WARUM MACHEN ALLE KOLLEGEN IM FAHRSTUHL IMMER DASSELBE?

Das Buch »Wie Menschen im Fahrstuhl ticken« wurde noch nicht geschrieben*, deshalb können wir uns hier mal kurz darüber auslassen. Erst einmal (steigen zwei Leute ein) geht jeder von beiden in die diagonal entgegengesetzte Ecke wie der andere. Dann gucken beide angestrengt dorthin, wo der andere nicht hinguckt. Ist einer von den beiden eine hübsche Frau, so guckt der miteinsteigende Mann besonders angestrengt in die andere Richtung, um nach ca. drei Sekunden mal kurz auf ihre Titten und gleich wieder wegzugucken. Vorher, beim Einsteigen, sagen beide irgendwas Blödes wie »Moin«, »Mahlzeit«, »Grüß Gott« oder so. Nach ca. fünf Sekunden dreht sich einer von ihnen zum Spiegel um, der meistens an der Rückseite angebracht ist und guckt kurz rein. Dabei wechselt er oder sie von einem Standbein aufs andere. Stoppt der Lift, drehen sich beide sofort in Richtung Tür um. Steigt der eine aus, tritt der andere noch einen Schritt zurück. Wer aussteigt, sagt irgendwas Blödes wie »Tschüs«, »Schönen Tag noch« oder so. Der andere sagt auch »Tschüs« oder »Gleichfalls« oder »Ebenso«. Das alles ist absolut nicht so gemeint, denn beiden geht es am Arsch vorbei, ob der jeweils andere einen schönen Tag hat oder nicht. Man kennt sich ja nicht einmal.

Das alles hat schon was vom Affenkäfig, aber spannend wird es erst, wenn der Lift richtig voll ist. Also voll bis zum »Düüüüüt«, was bedeutet: Der Letzte, der einsteigen wollte, war ein fettes Schwein, und das muss unter dem stillschweigenden Hohngelächter der anderen wieder raus, weil sonst der Lift nicht abfahren will. Doch so weit sind wir noch nicht, denn jetzt quetschen sich ja erst einmal alle rein.

Der Erste geht ganz nach hinten in die Ecke und vergisst zu drücken. »Könnten Sie mal auf die 3?«, denn nun kommt er nicht mehr an den Knopf. Einsteiger 2 und 3 kennen sich und lästern ohne Namensnennung über eine abwesende Kollegin ab, aber wie: »Na ja, die kennt ja fast jeden Chef privat, das war doch schon vor fünf Jah-

---

Keine schlechte Idee übrigens!

ren so ...«, woraufhin die Einsteiger 4 bis 12 noch Stunden später grübeln, welche Kollegin wohl gemeint sein könnte. Einsteiger 13 ist ein Witzbold und macht so seine Scherze im mittlerweile überfüllten Lift mit Einsteiger 14: »Na, was sagt der Urologe?«, oder: »Schon ausprobiert, das neue Mittel gegen Hämorrhoiden?« Das kommt gut, das signalisiert Schamlosigkeit, und nach so einem gelungenen Spruch darf man sich auch dreist an Einsteigerin 15 reiben, denn die ist ja wirklich eine Süße. Jetzt kommt der Boss, ca. 120 kg schwer, auch firmenintern ein Schwergewicht, »Ach, das ist aber nett, dass Sie mich noch mitnehmen«, und »Düüüüüüt«, macht der Fahrstuhl, der Chef war zu schwer und muss wieder raus. Prusten, Gelächter wie im Kindergarten. Ein Highlight ist natürlich, wenn einer von diesen Schleimern rausspringt und dabei ruft: »Fahren Sie nur! Ich nehme den nächsten!«

So macht man aber keine Karriere, denn der Boss schaut ihm sinnend hinterher und sagt zu den verbleibenden 15 Mitarbeitern: »Na, der scheint ja Zeit zu haben!«, woraufhin sich alle schier kranklachen und sogar dem Boss auf die Schulter hauen, was sie sich sonst nie trauen würden, und der findet das sogar noch gut und denkt, wie er so in seinem Büro sitzt: Du bist wirklich ein beliebter Chef. Und nun grübeln Sie bitte mal selber darüber nach, warum sich alle Kollegen im Fahrstuhl immer gleich verhalten. Wir wissen es nämlich auch nicht.

29 | WARUM IST DIE SITZORDNUNG IN DER KONFERENZ SO WICHTIG?

Erwachsene Männer sind manchmal kindisch und eitel wie kleine Mädchen in der Vorschule. In einem großen deutschen Versicherungskonzern haben die Vorstandsmitglieder ihre Stühle im Konferenzraum erst kürzlich mit Messingschildern versehen lassen, auf denen ihre Namen eingraviert sind. Alle Stühle sind übrigens absolut identisch. Bis auf die Namensschilder auf der Rückseite. Ziemlich lau erklärt das ein Vorstandsmitglied mit dem Umstand, dass früher »jeder immer den Stuhl auf seine Höhe eingestellt« habe und es doch ärgerlich sei, wenn man jeden Morgen den Stuhl erst wieder zurechtfummeln müsse. So aber könne man sich draufsetzen, habe gleich die gewohnte Höhe und komme umso schneller dazu, wichtige Entscheidungen zu fällen. Super! Das ist doch mal effektives Management! Näher liegt aber wohl die Vermutung, dass sich die Mitglieder dieses Konzernvorstandes derart wenig grün sind, dass sie nicht mal mit dem Hinterteil auf einer Sitzfläche hocken möchten, die tags zuvor vom lieben Kollegen angewärmt wurde.

Wenn dies auch eine skurrile Ausnahmeerscheinung sein mag, so sind massive Streitigkeiten um die Frage, wer wo sitzen darf, in jeder größeren Firma Alltagsgeschäft. Die Sitz- ist nämlich gleichzeitig die Hackordnung. Natürlich hat der Boss immer denselben Platz: entweder oben an der Schmalseite oder direkt in der Mitte der Längsseite. Wie bei einem Dinner am britischen Königshaus sitzt entweder der Zweitmächtigste im Staate direkt neben ihm oder sein persönlicher Adlatus, der oftmals den Spitznamen »Zäpfchen« trägt – weil er tief, sehr tief in jenem Körperteil des Chefs drinsteckt, auf dem der gerade sitzt. Natürlich nur im übertragenen Sinne.

Die einzige Ausnahme sind Tage, an denen ein hoher Gast zu Besuch in der Konferenz ist. Der sitzt dann neben dem Boss, und alle anderen rücken einen weiter. In vielen Betrieben haben aber nicht alle Konferenzteilnehmer einen eigenen Platz am Tisch. Sie sitzen in der zweiten Reihe oder müssen gar stehen, was sie in der Hierarchie als dritt- oder gar viertklassig ausweist. Auch hier gibt es festgelegte Sitz- bzw. Stehordnungen: Karrierebewusste Dritt- oder Viertklässler

werden mit Haut und Haaren um einen Sitz- oder Stehplatz kämpfen, der sie direkt in die Augenlinie des Oberbosses platziert. Da können sie dann ihre Wortmeldungen schneller als andere in die Tat umsetzen, können mimisch Zuneigung oder Abscheu ausdrücken und führen sozusagen mit dem Boss einen nonverbalen Dialog, den Anfänger und Außenstehende gar nicht mitbekommen. Eines Tages, so hoffen sie, werden sie dann selbst einen Stammplatz am Konferenztisch haben – möglicherweise sogar mit eigenem Namensschild! Es kann sogar besser sein, wenn man dem Chef in der zweiten Reihe gegenübersitzt, als wenn man den dritten oder vierten Platz neben ihm hat. Wegen der nonverbalen Kommunikation, Sie verstehen.

Feige, unfähige, ungeliebte oder schüchterne Kollegen hingegen stellen sich gern hinter den Boss oder wenigstens seitwärts, jedenfalls weit weg vom Zentrum der Macht und möglichst nicht in sein Blickfeld. Sie sind alltäglich aufs Neue froh, wenn sie nicht angesprochen werden und die Konferenz ungeschlachtet wieder verlassen können; man findet sie danach auch immer im ersten Fahrstuhl, der abwärts fährt – weil sie so schnell wie möglich wieder weg wollen.

Nun ist der erste Arbeitstag einer neuen Führungskraft. Und an diesem Morgen wird sich entscheiden, welchen Stellenwert er künftig in der Hierarchie hat. Das läuft wirklich so ab und kann Karrieren entscheiden! Viele Chefs lassen den Neuling fünf Minuten vor Konferenzbeginn in ihrem Büro antanzen und nehmen ihn unter freundlicher Plauderei mit in die Konferenz, wo sie ihm gleich seinen Platz (nicht nur in der Konferenz, sondern auch in der Firma) zuweisen: »Müller, rücken Sie doch mal und lassen Herrn Meier da sitzen!«, das ist natürlich ganz schlecht für Müller. Andere vertrauen auf die Selbstregelungskräfte des Marktes und schauen einfach zu, wo Meier sich selbst sieht (und hinsetzen wird).

Meier kommt entweder mit den anderen, will erst mal gucken und muss stehen. Bis er einen eigenen Platz am Konferenztisch ergattert, kann es nun Jahre dauern. Oder er ist schlau und kommt früher als die anderen. Er setzt sich einfach irgendwohin, wo er meint, dass es passt; er breitet gleich seine Sachen aus und markiert damit sein Revier wie ein Hund, der an die Ecke pisst. Als erfahrener Kollegenbeißer und Karrieremacher weiß er natürlich, was passieren wird: Er sitzt auf irgendjemandes Stammplatz, und der wird gleich

erscheinen. So kommt es auch. Ein Finger klopft auf seine Schulter. »Entschuldigung, aber das ist mein Platz ...« Meier dreht sich halb um, sieht einen blass-ergrauten Loser hinter sich stehen und sagt: »Wo steht das?«, woraufhin er sich wieder seinen Akten zuwendet und – ja, und was nun?

Der Typ hinter ihm wird wahrscheinlich nicht handgreiflich werden, denn nun erscheinen einer nach dem anderen ja all die übrigen Kollegen, also sieht er zu, dass er überhaupt noch einen Sitzplatz ergattert. Wenn er es aber schafft, dass Meier seine Sachen zusammenpackt und kampflos den Platz räumt, hat er gewonnen – aber einen natürlichen Feind, und wer will schon den Neuen als Feind? Man weiß ja noch nicht, wie wichtig der mal wird! Meier aber muss damit rechnen, dass jener graue Loser am nächsten Tag nach einer schlaflosen Nacht bereits morgens um sechs im Konferenzsaal hockt und mit klopfendem Herzen sein Revier zurückerobert. Dann hat Meier schlechte Karten, die nun neu verteilt werden müssen.

Gucken Sie auch so gern die Werbung für ein großes deutsches Nachrichtenmagazin, wo der leicht übergewichtige Chefredakteur immerzu ruft: »Fakten, Fakten, Fakten! Und immer an den Leser denken!«? Das wirkt ein bisschen lustig, ist aber einer der schönsten TV-Spots, die zur Zeit laufen. Viel zu selten eigentlich. Man möchte den Spot anhalten und sich die ganzen Hofschranzen links und rechts von ihm mal in Zeitlupe oder als Standbild ansehen: Wer ist wer? Wer hat welche Körpersprache? Wer mag richtig gut sein, und wer ist nur ein »Zäpfchen«? Stellen Sie sich bitte mal vor, der Chefredakteur dieses Magazins kommt morgens in die Konferenz und da sitzt ein Neuer auf seinem Platz und ruft »Fakten, Fakten, Fakten! Und immer an den Leser denken!« Wenn Sie sich das vorstellen, dann wissen Sie, warum die Sitzordnung in deutschen Firmen so unglaublich wichtig ist.

30 | WARUM TEXTEN MICH DIE KOLLEGEN SOGAR AUF DER TOILETTE ZU?

Eine eherne Grundregel des Benimms lautet: In einer Toilette spricht man sich nicht gegenseitig an; es sei denn, man hat sie gemeinsam zum Zwecke des Dialoges betreten (Frauen gehen ja grundsätzlich immer zu zweit, um dort zu quatschen). Einen Kollegen in der Toilette anzusprechen, womöglich sogar am Urinal, verbietet sich also von selbst. Trotzdem geschieht es immer wieder. Selbst Menschen, die sich außerhalb ihrer Firma durchaus zu benehmen wissen, vergessen auf dem Betriebs-WC ihre Manieren: »Na, Herr Lehmann? Auch mal wieder richtig auspissen? Har, har, har!« Dazu womöglich noch ein unverschämter Seitenblick aufs beste Stück des Herrn Lehmann, der sich gerade eines gewissen Blasendrucks entledigt. Nun: Es handelt sich bei derart ungezogenen Kollegen in der Regel um Mitarbeiter, die im Korsett der Firmendisziplin längst ihre eigene Identität verloren haben und nur noch funktionieren. Lemmingen gleich, sind sie nicht mehr sie selbst, sondern hirnlose Herdentiere ohne persönliches Charisma. Sie leiden darunter, nur Teil eines Apparates zu sein und von lauter höhergestellten Kreaturen getreten, gedemütigt und missbraucht zu werden. Hier aber, im weißgekachelten Separee mit den Milchglasscheiben, hier sind sie Mensch! Hier dürfen sie's sein! Auf dem WC, so glauben sie irrtümlich, auf dem WC sind alle gleich. Hier lassen alle buchstäblich die Hosen runter, Titel zählen nicht mehr, man ist sich nahe wie nie. Warum nicht auch verbal eine gewisse beruhigende Nähe herstellen, die einen endlich wieder »Mensch« sein lässt – wenn auch nur für einen Moment? Näher betrachtet, gehören solche Kollegen dringend in Therapie. Aber man hat ja schon Mühe, angesichts solch frecher Belästigung rasch noch die prostatabedingten urologischen Reste abtropfen zu lassen und sich möglichst unauffällig ans Handwaschbecken und von dort zurück ins Büro zu verpissen.

Ganz dreiste Kollegen verfolgen einen mit ihrer unangenehmen Anquatscherei sogar noch bis in die Kabine, wo man das große Geschäft verrichten möchte. Sie stellen sich einfach davor und sabbeln weiter, auch wenn man längst den Riegel von innen vorgeschoben

und es sich untenherum textilfrei bequem gemacht hat. Das ist nun wirklich der Gipfel der Unverfrorenheit. Man könnte natürlich die Wasserspülung anhaltend drücken und den Redefluss des Kollegen auf diese Weise unterbrechen, aber das empfiehlt sich nicht: Es würde schnell die Runde in der Abteilung machen, dass man ganz offensichtlich unter galoppierender Diarrhö leidet und sich womöglich ein Virus eingefangen hat. Übrigens wird man echte Betriebsgeheimnisse auf der Toilette sowieso niemals erfahren. Weil der liebe Kollege ja nicht wissen kann, wer sonst noch alles in den Kabinen hockt und zuhört.

31 | WARUM BELÄSTIGEN SIE MICH MIT IHREN INTIMSTEN PROBLEMEN?

Fußpilz, Furunkel, Hämorrhoiden, fremdgehende Ehefrauen, chronischer Durchfall, temporäre Verstopfung, impotente Ehegatten, zu viel Magensäure, Rumoren im Gedärm, Restharn in der Unterhose, eingewachsene Fußnägel, randalierende und stinkfaule Gören daheim, verhängnisvoller Knoblauchgenuss am Vorabend, verdächtige Leberwerte, Gürtelrose, Katzenallergie, vorzeitige oder ausgebliebene Regel, Zwischenblutungen zur Unzeit, Kantinenreste zwischen den Zähnen, Schlaflosigkeit, schnarchende Partner, seltsame Schuppenbildung auf der Kopfhaut, alarmierender Brechreiz nach dem Genuss von Frischfisch, ungewohnte Schnorchelgeräuche in der Luftröhre, die Hörfähigkeit dämpfender Ohrenschmalz, juckende Pilze in der Vagina, ekelige Würmer im Darm des Haustieres oder unstillbarer Drang zum Pupsen: Viel mehr Kollegen, als man gemeinhin annimmt, verwechseln den Arbeitsplatz mit einem ärztlichen bzw. psychotherapeutischen Wartezimmer. Zwar kennt jeder solche Kakerlaken-Kollegen. Aber jeder glaubt, er habe nun mal ein ungewöhnlich mitteilungsbedürftiges Exemplar im Büro sitzen. Stimmt nicht! Solche Kollegen gibt es überall, das ist ganz normal! Sie halten es für selbstverständlich, dass wir, also die Guten, nicht nur ein offenes Ohr für die Belange der Firma haben, die uns ja schließlich bezahlt – nein, wir sollen auch noch ihre persönlichen intimen Probleme mit ihnen teilen, womöglich en detail ausdiskutieren, uns damit befassen, intelligente und mitfühlende Zwischenfragen stellen und möglichst am nächsten Morgen auch noch nachfragen, ob sich der besorgniserregende medizinische Befund denn zwischenzeitlich zur allseitigen Beruhigung geringfügig verbessert habe. Und das alles ungefragt!

Die Geschwätzigkeit der Kollegen in eigener Sache macht buchstäblich vor nichts halt. Uns, also den Guten, zwingen sie ihre diversen Unpässlichkeiten und körperlichen Missgeschicke auf wie penetrante Straßenbettler, die uns mit der offenen Mütze in der Hand hinterherlaufen und wehklagend unter Absingen ihres schweren Schicksals um eine milde Gabe bitten. Das ist distanzlos, und Dis-

tanzlosigkeit ist wohl auch die Erklärung für dieses ungezogene Verhalten: Wer sich in der Arbeitswelt längst nicht mehr zurechtfindet, wer sich vor den Anforderungen des Alltags fürchtet und sich von lauter übermächtigen Dämonen umgeben fühlt, der drängelt sich an den Kollegen heran wie Schafe auf der Weide, die den reißenden Wolf am Zaun hecheln hören und aus natürlichem Schutzinstinkt heraus die natürliche Distanz zueinander aufgeben.

Ein Kollege, der Sie mit seinem Pupsdrang belästigt, möchte keine Distanz zu Ihnen. Er möchte Sie vereinnahmen. Das ist gefährlich. Sie werden ihn nämlich nie wieder los, wenn sie ihm zuhören. Brutalste Unhöflichkeit ist in solchen Fällen nichts als reiner Selbstschutz; sie kann Ihnen jedoch zu dem Ruf verhelfen, ein herzloser Eisklotz zu sein.

Tragen Sie die folgenden Sätze bitte möglichst laut und schrill vor, mit besonderer Betonung auf den *kursiv* gesetzten Wörtern: Alles läuft *super!* Ist das nicht eine *wundervolle* Firma? Ich bin ja so *glücklich,* dass ich hier arbeiten darf! Wir haben so einen *Klasse*-Chef, finden Sie nicht auch? Und das *Betriebsklima* erst! Und die *Kantine!* Und lauter *nette* Kunden! Hallo Sabine, *toll* siehst du aus! Und diese *Bluse!*

Es gibt in jeder Firma Kollegen (vornehmlich sind es Kolleginnen), die uns, also den Guten, schon beim morgendlichen Gruß Blitz-Akne und Spontan-Brechreiz verursachen. Sie verbreiten eine penetrante Atmosphäre der aufgesetzten Fröhlichkeit, die weder der Tageszeit noch der Geschäftslage angemessen ist. Denn erstens ist es noch viel zu früh, und zweitens läuft gar nichts super. Die Firma ist ein gefährliches Haifischbecken wie jede andere auch. In diesem Affenstall zu arbeiten ist eher eine Strafe. Der Chef ist ein Idiot, das Betriebsklima ist unterirdisch, die Kantine eine Zumutung, die Kunden sind wie üblich schlecht gelaunt, besagte Sabine ist eine unansehnliche Schnepfe und ihre Bluse ist die geschmackloseste, die auf dem Grabbeltisch zu kaufen war. Den lautstarken Berufs-Optimisten unter den Kollegen ist das aber vollkommen egal. Sie verwechseln gute Arbeit mit fröhlich-lautem Krähen und glauben, dass ihr eigenes Versagen nicht so sehr auffällt, wenn sie jedem x-Beliebigen ihre aufdringlich zur Schau gestellte Corporate Identity und sklavenhafte Firmentreue überstülpen wie eine Clownsmütze im Kölner Karneval.

Zur Zeit, und das ist ärgerlich, liegen diese nervigen Kollegen aber voll im Mainstream. In fast jeder größeren Firma gibt es Initiativen, Arbeitskreise, Kommissionen und Workshops, die aus dem Haifischbecken eine Vorzeigefamilie machen sollen, in der sich alle lieb haben. Da wird zum Beispiel in einer schwäbischen Maschinenbaufirma auf Weisung von ganz oben ein Arbeitskreis »Betriebsinterne Kommunikation« gegründet – obwohl der Vorstand nicht mal in der Lage war, die Auslagerung von einem Drittel der Produktion ins tschechische Tochterwerk zu kommunizieren. Das erfuhr die Beleg-

schaft erst aus der Wirtschaftspresse. In einem großen westfälischen Betrieb mit branchenweit bekannt schlechtem Betriebsklima trifft sich seit 13 Monaten einmal wöchentlich ein ehrgeiziger Workshop zur Steigerung der *Corporate Identity* und zur Durchsetzung der vom Vorstand verordneten *Sympathy Offensive* mit dem Ergebnis, dass es jetzt T-Shirts, Uhren, Anstecknadeln und sogar Handys mit dem Firmenlogo gibt. In einer aufwendigen Fragebogenaktion, natürlich anonym und vom Betriebsrat abgenickt, wurden schwachsinnige Themen erörtert wie »Fühlen Sie sich von Ihrem Vorgesetzten ausreichend informiert?, kreuzen Sie an: Ja, Nein, Manchmal, Meistens, Zu selten«, die Manager und Monteure, Pförtner und Sachbearbeiter, Lkw-Fahrer und Sekretärinnen über einen Kamm geschoren gleichermaßen ausfüllen sollten, was zu komplizierten Statistiken, vielfachen Meetings mit der Präsentation von Overhead-Folien zur Ermittlung der Befindlichkeit seitens der Belegschaft, danach zur Erstellung eines hochwichtigen Arbeitspapieres und am Ende zu nichts führte. Wie denn auch.

Kollegen wie die hier beschriebenen, die überaus lustigen, denen es immer gut geht und die niemals meckern, spüren instinktiv wie Ratten, wo der Mainstream hinläuft. Ihre positive Scheinheiligkeit sichert ihnen das Wohlwollen ihrer Vorgesetzten. Aber trösten Sie sich: Deshalb fühlen sich diese glücklichen Schleimer noch lange nicht wohler als Sie.

Denn glücklich macht nicht das laute Pfeifen im dunklen Wald. Glücklich macht Arbeitnehmer (das ergab eine Umfrage für dieses Buch), wenn man seinen eigenen Qualitäten entsprechend eingesetzt wird, wenn man stolz sein kann auf das, was man schafft, wenn man eine Perspektive hat und das Gefühl, dass anständige Arbeit anerkannt und entsprechend honoriert wird. Kurzum: Glücklich macht, wenn die Guten gewinnen. Und dann muss man auch nicht so laut krähen.

33 | UND BRAUCHE ICH AUCH MEINE GANZ PERSÖNLICHE MACKE?

Schaden kann es keinesfalls! Die persönliche Macke dient dazu, sich gegen die lieben Kollegen abzugrenzen. Außerdem braucht man in der Firma manchmal einen nichtigen Anlass zum Streit – nur, um mal wieder Zähne zu zeigen. Wenn Sie gar keine Macke haben, dann suchen Sie sich eine. Zum Beispiel könnten Sie sich darüber aufregen, dass manche Kollegen ihre Kaffeetasse zwar nach Gebrauch ins Waschbecken stellen und ordnungsgemäß voll Wasser laufen lassen, damit später kein Kaffeerand darin zurückbleibt, aber diese unfähigen Trottel lassen ihre Tassen dann direkt unter dem Wasserhahn stehen, und das können Sie nun einmal nicht leiden. Denn der Nächste muss erst die alte Tasse beiseite räumen, um seine eigene zu spülen. Das wäre so eine kleine Macke, wenn Ihnen denn keine bessere einfallen sollte. Ist doch nicht schwer!

Jetzt lauern Sie eine Weile und lungern so vor der Küche herum, und – zack – da hat schon wieder jemand seine Tasse gewässert, aber so unterm Wasserhahn stehen lassen. Huiii!, da schießen Sie von hinten an denjenigen heran (Immer von hinten kommen und laut schreien! Nie von vorn!), und Sie nutzen den Überraschungseffekt, pöbeln wild herum und fordern zum x-ten Mal, dass die lieben Kollegen doch bitte ihre blöden Scheiß-Tassen aus dem Wasserhahn-Bereich herausnehmen sollen, denn ICH BIN NICHT EURE PUTZE oder Ähnliches. Das befreit ungemein und vor allem: Es gibt Ihnen das Image, dass Sie hochgefährlich werden können, wenn man Sie reizt. Zusatz-Tipp: Wenn Sie genug herumgepöbelt haben, verlassen Sie den Tatort blitzschnell, ohne auf Gegenargumente zu warten. Da Sie ja noch nicht so wahnsinnig erfahren sind im Haifischbecken, könnten Sie sonst nämlich auf jemanden treffen, der zurückbrüllt. Das jedoch wäre kontraproduktiv und irgendwie imageschädigend. Also: Machen Sie den Dicken und verpissen sich danach sofort. Wer Ihnen blindwütig hinterherschreit, ist ein Loser. Sie hingegen – sind schon weg.

4. TEIL:
DIE KOLLEGEN UND DER FLURFUNK

34 | WORÜBER TRATSCHEN DIE KOLLEGEN AM LIEBSTEN?

Und warum tun sie das so gern? Was ist so toll am »Flurfunk«*? »Man tratscht aus Langeweile, weil man unterfordert ist« (Beate, 27, Sekretärin). »Weil Tratschen nun mal menschlich ist« (Svenja, 31, Sachbearbeiterin). »Weil Nachrichten eine Art Währung sind: Wer was weiß und weitererzählt, der erfährt auch viel« (Jens, 41, Versicherungskaufmann). »Weil man Kollegen schlechtmachen kann, wenn man was Übles über sie verbreitet« (Anna-Maria, 41, Sekretärin). Stimmt sicher alles. Und worüber wird nun getratscht? Eine Umfrage**.
Sex steht auf ...

- Platz 1 (wer mit wem, heimliche Affären, Flirts bzw. Anmachversuche und Komplimente innerhalb der Firma).
- Platz 2: Anschisse, die jemand vom Chef bekommen haben soll.
- Platz 3: Missglückte Projekte, die ein bestimmter Kollege zu verantworten hatte.
- Platz 4: Die Kollegen-Gehälter.
- Platz 5: Bevorstehende Umstrukturierungen im Betrieb (Führungskräfte-Karussell, neue Vorgesetzte, Chefwechsel, anstehende Kündigungen usw.).
- Platz 6: Angebliche private Probleme von Kollegen wie Scheidungen oder Schulden.
- Platz 7: Missglücktes Outfit, Pflegezustand, hygienische Nachlässigkeiten von Kollegen (z.B. Übergewicht, Mundgeruch, schmutzige Fingernägel, Schuppen, durchgescheuerte Hemdkragen, Haare in Nase/Ohren, löchrige Socken usw.).
- Platz 8: Alkoholfahne, Kokaingerüchte.
- Platz 9: Was sich allseits unbeliebte Kollegen wieder einmal geleistet haben (Wutausbrüche, arrogantes Auftreten, Selbstüberschätzung, Wein- oder Schreikrämpfe am Arbeitsplatz).
- Platz 10: Sensationelle Karrieren von ehemaligen Kollegen nach deren Wechsel zur Konkurrenz.

---

* *Flurfunk = Gerücht, das sich wie vom Radio verbreitet auf den Firmenfluren herumspricht*
** *Befragt für dieses Buch: ca. 1000 Arbeitnehmer aus verschiedensten Branchen*

35 | WARUM ERFAHREN MANCHE KOLLEGEN IMMER ALLES ZULETZT?

Tratsch bewegt sich offenbar immer zunächst in einem Inner Circle, der aus sogenannten Freund(inn)en besteht. Eine interne Mail wird abgeschickt und vom Empfänger flugs weitergeleitet; zwei Kollegen stecken die Köpfe zusammen, trennen sich und finden neue Circles, der Tratsch erreicht das Nebenzimmer, wird von Ohr zu Ohr verfälscht wie bei der Stillen Post, jeder legt noch einen Zahn zu und übertreibt ein bisschen mehr. Wenn der Chef einer Sekretärin aus der Vertriebsabteilung im Lift wegen ihrer neuen Frisur geschmeichelt hat und die das unter dem Siegel der tiefsten Verschwiegenheit ihrer Zimmernachbarin erzählt (Tratsch-Position 1), dürfte er sich auf Tratsch-Position 2 (Zimmernachbarin erzählt es unter dem Siegel der tiefsten Verschwiegenheit ihrer Freundin aus der technischen Produktion) schon lobend über ihre Figur ausgelassen haben, auf Tratsch-Position 4 (wir befinden uns inzwischen im Fuhrpark, aber pssst) geht es schon um eine Verabredung zum Weintrinken, auf Position 8 (Abteilungsleiterebene) sollen die beiden was miteinander haben und der Pförtner am Tor (Position 10) könnte beschwören, dass die Frau vom Chef wegen der Sekretärin aus der Vertriebsabteilung die Scheidung einreichen will. Aber er spricht natürlich nicht darüber, außer mit seinem besten Freund. Wenn ein Kollege also von alldem nichts mitkriegt, ist er entweder selbst der Chef – oder er gehört zu keinem Inner Circle, wird niemals weitergeleitete Tratsch-Mails empfangen und auch nichts zugeflüstert bekommen. Das hat Vorteile (er bleibt von derlei unwichtigen Nachrichten unbehelligt) und Nachteile (er hat keine Freunde in der Firma, somit auch kein Netzwerk und keine Seilschaft). Eines jedoch könnte ihn trösten: Neun von zehn Arbeitnehmern behaupten, dass sie persönlich ebenfalls immer alles zuletzt erfahren. Demzufolge dürfte es also überhaupt keinen Tratsch in deutschen Firmen geben …

36 | WARUM WIRD STÄNDIG ÜBER DIESELBEN KOLLEGEN GETRATSCHT?

»Eines ist doch klar: Getratscht wird nur über sehr fähige, sehr unfähige, sehr attraktive und sehr unattraktive Kollegen«, sagt eine Vorzimmerdame aus Bayern. »Der Durchschnitt taugt nicht zum Tratschen. Der interessiert niemanden.« Falls also ständig über Sie getratscht wird, können Sie sich jetzt überlegen, ob Sie zu einer der genannten Kategorien oder vielleicht sogar zu mehreren gehören (sehr fähig plus sehr attraktiv oder sehr unfähig plus sehr unattraktiv oder über Kreuz, also z.B. hübsch, aber doof). Das könnte also ein Grund sein, warum ständig über Sie bzw. bestimmte Kollegen getratscht wird. Es gibt aber noch mehr Gründe: »Wenn eine Kollegin regelmäßig was mit wechselnden Kollegen anfängt oder das wenigstens früher mal gemacht hat, dann ist sie auch ein schönes Tratschthema«, weiß Birgit (52, Altenpflegerin), »und dann wird natürlich über Männer getratscht, die wir Frauen interessant finden. Das müssen nicht die schönsten Männer sein, aber welche mit Ausstrahlung, Einfluss oder Humor, und am liebsten natürlich mit allen drei Eigenschaften gleichzeitig.« »Weiberkram. Wir Männer reden hauptsächlich über berufliche Dinge miteinander und natürlich auch über Kollegen, die uns gefährlich werden könnten, das ist Strategie«, behauptet Jens (41) aus einer Finanzberatungsagentur. Solche »Strategiegespräche« sind letztlich aber auch nichts anderes als Bürotratsch: Es geht nämlich vorwiegend darum, welcher Kollege wohl welche heimtückischen Pläne verfolgen könnte, die ihn nach vorn bringen, und da hat jeder aus irgendwelchen Quellen irgendetwas gehört und tratscht es weiter. Natürlich unter dem Siegel der tiefsten Verschwiegenheit ...

37 | WIE STREUEN DIE KOLLEGEN EIGENTLICH IHRE GERÜCHTE?

Zuckersüße und hinterhältige Fragen, eher beiläufig und mit dem harmlosesten Gesicht in Abwesenheit der Zielperson ganz allgemein in den Raum gestellt, haben oft eine ungeahnte Streuwirkung und sind deshalb am beliebtesten. Zu solchen Fragen gehören: »Ist der eigentlich wieder mit seiner Frau zusammen?«, »Hat sie sich eigentlich schon für einen Kurort entschieden?«, »Hat sie inzwischen ihre Depressionen hinter sich?« und, auch immer wieder gern genommen: »Wollte der nicht sowieso wechseln?« Natürlich gibt es im ersten Fall keine Ehekrise, im zweiten keinen Erschöpfungszustand, im dritten keine psychischen Probleme und im vierten keine Abwanderungspläne, aber was macht das? Irgendjemand wird schon stolpern über diese Tretmine, irgendwo wird sich das Gerücht festsetzen, und dann ist es schnell rum. Man selbst hat ja nichts gesagt.

Auch sehr beliebt zum Gerüchtestreuen sind Fragen an die Zielperson direkt, wenn möglichst viele und möglichst wichtige Kollegen zuhören. Solche Gerüchte sind zwar schwieriger zu verbreiten, denn die Zielperson ist ja Zeuge und könnte sich dagegen wehren. Aber die Gefahr ist gering. Denn jede Gegenwehr wird erst recht als Zeichen dafür gewertet, dass an dem Gerücht (in Form der listig gestellten Frage) etwas dran sein muss. Erzählt ein älterer Kollege zum Beispiel, dass er in vier Wochen heiraten wird, so kann man fragen: »Ist sie diesmal über 20?«, und besagter Kollege – auch wenn es gar nicht stimmt – hat ab sofort den Ruf, auf sehr, sehr junge Mädchen fixiert zu sein. Das ist so einfach! Und hinterher, eventuell unter vier Augen zur Rede gestellt, kann man sich immer noch entschuldigen und behaupten, man sei selber einem fiesen Gerücht aufgesessen oder habe nur einen kleinen Scherz machen wollen.

»Na, was sagt der Arzt?« ist auch eine schöne Frage. Die Zielperson kann ruhig gegenhalten: »Welcher Arzt?«, doch das nützt ihr gar nichts, denn man setzt sogar noch einen drauf: »Ach, müssen Sie zu mehreren?« Dann macht man sich aber besser aus dem Staub und überlässt die Zielperson ihrer eigenen Erklärungsnot den anderen Zuhörern gegenüber. »Ich weiß gar nicht, wovon der spricht« oder

»Die muss mich mit einem Kollegen verwechseln« sind wahrhaft traurige Ausflüchte, denn genau in diesem Moment fällt es den anderen auf: Ja, die Zielperson sieht wirklich krank aus!

Natürlich werden viele Gerüchte auch per Mail gestreut. »Weißt du, was ich gerade höre? Der XX soll ja einen ganz kleinen haben … *lachtot*« ist so eine Mail, die garantiert rasch die Runde von einer Abteilung zur anderen machen wird. Allerdings ist Vorsicht geboten. Der Mail-Dialog von zwei jungen Kolleginnen, in dem sie sich über ihr mangelhaftes Sexualleben der letzten Tage unterhielten (»Ich bin so was von rattig«[*]), gelangte 2006 aus Versehen in den Verteiler »an alle«, wurde von einem fiesen Kollegen ins Internet gestellt, danach ein bundesweiter Lacher und führte zur Kündigung der beiden Damen durch ihren Arbeitgeber.

---

rattig = süddeutsch für sexgeil

38 | WIRD DAS RAUCHVERBOT DEN FLURFUNK STOPPEN?

In immer weniger Firmen darf geraucht werden. In vielen sogar überhaupt nicht mehr. Kantinen sind ebenfalls schon rauchfrei. Meistens ist es die vom Betriebsrat abgesegnete Entscheidung der Firmenleitung; allerdings gibt es auch viele Kantinen (z.B. in Behörden), die öffentlich zugänglich sind – und da gilt ohnehin das Gesetz zum Schutze der Nichtraucher.

Da Raucher ja gemeinhin als recht gesellig (also auch als recht geschwätzig) gelten und man sich neuerdings seltener oder gar nicht mehr »auf eine gemütliche Zigarette« treffen kann, um diese sowie die neuesten Gerüchte zu inhalieren, könnte das Rauchverbot am Arbeitsplatz auch eine massive Einschränkung des Flurfunks bedeuten. Aber dem ist nicht so. Im Gegenteil: Die wenigen übrig gebliebenen Raucher-Reservate, ob legal oder heimlich, sind wahre Sendezentralen des Flurfunks geworden, und manch ein Nichtraucher fängt wieder mit Qualmen an – nur, um endlich mal wieder was Spannendes zu erfahren!

Wie Süchtige das so an sich haben, finden Raucher immer einen konspirativen Treff, um zu sündigen. Das kann das zugige Treppenhaus sein, das früher der am meisten vernachlässigte Raum im ganzen Gebäude war – aber plötzlich stehen da Grünpflanzen, ein paar Sessel auf dem Treppenabsatz, reichlich Aschenbecher, ja sogar eine Kaffeemaschine: Da bildet sich eine völlig neue Treppenhauskultur! Die Nichtraucher fahren im Lift dran vorbei und kriegen überhaupt nicht mehr mit, worüber so getratscht wird. Raucher betreten den Lift gar nicht erst: »Ich nehme die Treppe!« Das tun sie aber nicht aus Fitness-Gründen, sondern weil sie so schnell wie möglich den neuesten Flurfunk erfahren wollen. Im Treppenhaus, da wird gelacht und geraucht und Gerüchten nachgespürt, dass es eine Freude ist. Bis – ja, bis irgendwann der Chef von seinem Arzt das Treppensteigen verordnet bekommt und feststellt, dass seine Mitarbeiter das Treppenhaus zur Raucher-Ruhezone umfunktioniert haben und er sich ab dem ersten Stock durch eine Qualmwolke kämpfen muss, die erheblich gesundheitsschädlicher ist als 30 Berufsjahre gar

keine Treppen steigen. Flugs lässt er also auf jedem Treppenabsatz Schilder befestigen: »Auch hier ist Rauchen verboten!«, und er hört die »Buuuh!«-Rufe schon, letztlich ändert sich aber nicht viel: Die Karawane der unterdrückten Raucher zieht weiter, konspirativ und pfiffig. In Hamburg haben sie kürzlich das Dealen mit Rauschgift am Hauptbahnhof unterbunden, aber das war keine gute Idee: Jetzt haben sie einen cleanen Bahnhof, aber die Parks im Umkreis von 10 Kilometern, die früher recht harmlos waren, sind jetzt die reinste Bronx. Genauso machen es die Raucher auch, und den Flurfunk nehmen sie mit. Die Firma hat einen Keller, es gibt Toilettenvorräume, Wäschekammern (da kann man nicht nur Babys machen, sondern auch gemütlich qualmen), Hinterhöfe, Lagerräume, Aktendepots und und und. Die Nichtraucher hecheln hinterher. »Wo stecken die schon wieder?« »Ach, die sind eine rauchen, du weißt doch: Die treffen sich jetzt alle in der Kaffeeküche im Siebten.« Mist. Was reden die da? Über wen ziehen die her, während sie eine nach der anderen qualmen? Und warum ist man selber nicht dabei?

Das Rauchverbot am Arbeitsplatz ist also nicht schlecht für den Flurfunk, sondern nur für die Nichtraucher. Wie wäre es mal mit diesem Aufdruck auf Zigarettenpackungen: »Die EU-Gesundheitsminister warnen: Nichtrauchen gefährdet Ihren Wissensstand und schließt sie von überlebenswichtigen Informationsquellen aus!«

39 | WAS REDEN DIE IN DER RAUCHERECKE?

Seit in den meisten Firmen das Rauchen verboten ist und bestenfalls noch Raucherecken angeboten werden, hat sich die Kommunikation des Flurfunks genau dorthin verlagert. Denn zum gemütlichen »Klönschnack«*, wie die »Tratscherei«** im deutschen Norden genannt wird, gehört nun mal die entspannte Zigarette. In der Raucherecke wird also abgelästert und intrigiert, dass es eine Freude ist (siehe auch Kapitel 38). Hier ist sozusagen die »Sendezentrale« des Flurfunks. Bevorzugte Themen sind: ungerechte Behandlung durch die Chefs (Platz 1), fiese Tricks einzelner, allseits unbeliebter Kollegen (2), mangelnder Geschmack abwesender Kolleginnen (3), wortreiche Klage über die Unfähigkeit von Kollegen unter Herausstellung der eigenen Leistung (4) und bevorstehende gravierende Veränderungen in der Unternehmensstruktur, die zwar unbewiesen, aber allseits als unverbrüchliche Wahrheit unter der Hand von Kollege zu Kollege weitergereicht werden (5).

Doch geht es in den Raucherecken durchaus nicht nur um die Firma; hier wird auch viel Privates ausgetauscht: Auf Platz 1 steht die Freizeitgestaltung am vergangenen bzw. bevorstehenden Wochenende, auf Platz 2 stehen familiäre Probleme bzw. Erfolgserlebnisse (Schulnoten der Kinder, Ehestreitigkeiten usw.), Platz 3 hält das TV-Programm vom Vorabend, Platz 4 gehört der diesjährigen Urlaubsgestaltung und auf Platz 5 geht es ums eigene Gehalt bzw. die Unmöglichkeit, mit dem zur Verfügung stehenden Etat auszukommen.

---

*   *Klönschnack = Entspanntes Gespräch über vermeintlich unwichtige Themen*
** *Tratscherei = Weitererzählen von Gerüchten, die man oftmals nur vom Hörensagen kennt*

40 | GIBT ES KOLLEGEN, DIE DEN FLURFUNK ERNST NEHMEN?

Nein. Und ja. Es gibt da ein Sprichwort: »Wo Rauch ist, da ist auch Feuer.« Das trifft für die Raucherecken zu (siehe Kapitel 38), aber auch für den Flurfunk insgesamt. Natürlich weiß jeder, dass in seiner Firma Giftspritzen beschäftigt sind, die aus jeder Mücke einen Elefanten machen und die unter wahrer Paranoia leiden. Psychopathen, die sich nur von Dämonen und Feinden umgeben fühlen und die selbst mit dem größten Trottel der ganzen Company ein freundschaftliches Verhältnis pflegen – weil er ihnen noch die ganzen Lügen und frei erfundenen Tratschereien abkauft, wenn alle anderen längst geflüchtet sind. Aber andererseits ist es ja auch so: Zwar ist nicht jedes Gerücht auf den Fluren die reine Wahrheit, aber jede reine Wahrheit ist vorher bereits auf irgendeinem Flur als Gerücht herumgegeistert.

Gerüchte sind die Gespenster der Zukunft. Sie tauchen auf, sie versinken im Nebel, sie scheinen wahr zu sein, sie weichen dem grellen Licht der Wahrheit, irrlichtern über dem Sumpf der Wunschvorstellungen und setzen sich dann doch manchmal auf den Felsen der harten Realität, den sie möglicherweise selbst mit gebaut haben. Denn Gerüchte können durchaus auch Fakten schaffen! Am Anfang dieses Buches war ja bereits von jenem hochqualifizierten Manager die Rede, der seinen Job verlor – nur weil sein oberster Chef einem fiesen Gerücht geglaubt hatte. Es gibt also keinen Kollegen, der den Flurfunk ignoriert. Und es gibt eine Menge Kollegen, die ihn wirklich ernst nehmen.

41 | WIE ERFAHREN DIE CHEFS VOM FLURFUNK?

Vor allem in größeren Firmen können sich die Arbeitnehmer überhaupt nicht vorstellen, dass die großen Bosse da oben in der Chefetage überhaupt am Flurfunk zwischen Sachbearbeiterin und Außendienstmitarbeiter interessiert sind. Aber das stimmt nicht! Die großen Bosse leiden alle darunter, dass sie zu wenig Kontakt zur Basis haben. Deshalb werden sie jedes kleinste Gerücht, das ihnen zu Ohren kommt, aufbauschen und zur Chefsache erklären. Denn jeder Chef möchte gern das Gefühl haben, dass er sich persönlich um seine Leute kümmert. Auch wenn das natürlich der reinste Selbstbetrug ist. Also: Ihr Chef interessiert sich sehr wohl dafür, mit wem Sie auf der Weihnachtsfeier … Und gehen Sie getrost davon aus, dass er es auch erfahren wird. Jede Firma in ganz Deutschland ist löchrig wie ein Schweizer Käse, was private Geheimnisse angeht. Aber wie läuft das in der Praxis ab? Wie genau erfährt der Chef denn nun vom Flurfunk? Schließlich steht auf der Tagesordnung der Frühkonferenz ja nicht »Punkt 7: Was vermeldet der Flurfunk heute?«. Nein, nein: Das läuft ganz anders ab. Es läuft übers Vorzimmer.

Also, Sie heißen Meier und sind ein treuer Vasall Ihrer Firma, seit Jahrzehnten erprobt und gelobt, mies bezahlt, trotzdem dankbar. Ihren Chef da oben im elften Stock haben Sie seit Wochen nicht persönlich gesehen; zuletzt vielleicht, als er Sie völlig zu Unrecht derart zur Sau gemacht hat, dass Sie gar nicht anders konnten, als den Druck zu Hause abzulassen, was Ihre Ehe an den Rand des Ruins gebracht hat, aber egal. Nun gibt es ein Betriebsfest, auf dem Sie, na ja, etwas lustig sind. Wir wollen das nicht vertiefen. Am nächsten Tag liegen Sie jedenfalls im Koma und melden sich krank; schließlich haben Sie sich ja nach den Exzessen der letzten sieben Betriebsfeste im Gegensatz zu den faulen Kollegen niemals krankgemeldet, also sind Sie jetzt auch einmal an der Reihe und gehen deshalb gar nicht erst hin.

Seien Sie ganz sicher, dass der Chef ausgerechnet an diesem Morgen nach dem Betriebsfest voll einen auf entspannt macht. Er sitzt garantiert bei seiner Vorzimmerdame am Schreibtisch, legt sogar

die Beine hoch, lockert den Schlips und lässt sich en detail erzählen, was gestern Nacht alles abgelaufen sein soll oder ist. Der Mann ist neugierig wie nix Gutes! Aber die Wahrheit interessiert ihn gar nicht. Er will Gerüchte. Wenn Sie, der brave Mitarbeiter Meier, zum Beispiel von der volltrunkenen und total übergeilen Tussi aus dem Lager aufs Damenklo gezerrt worden sind, wo es beinahe zum Äußersten gekommen wäre (wenn Sie nicht so verantwortungsvoll die Notbremse gezogen hätten), dann wird sich diese wahre Geschichte niemals bis zum Chef durchkommunizieren. Bei dem wird lediglich ankommen, was seine Vorzimmerdame vom Hörensagen weiß: dass Meier nämlich der Kollegin aus dem Lager quasi hinterhältig aufs Damenklo gefolgt sei und es dort spontan zum Äußersten gekommen sei, und dass Sie heute krankfeiern, woraufhin sich der Chef unter heftigem Gelächter auf die Schenkel schlagen dürfte und Sie hinfort als Sexmonster bezeichnen wird, obwohl Sie das gar nicht sind. Sie werden demnächst auch keine Gehaltserhöhung kriegen, denn Sie sollen Ihren Spaß ja schon gehabt haben. Damals. Auf dem Damenklo. Wo in Wahrheit überhaupt nichts passierte.

Vorzimmerdamen, heute wohl eher anders genannt (wie nennt sich die von Ihrem Chef?), Vorzimmerdamen also sind das Sprachrohr von der Basis zur Führungsetage. Sie sind meistens total verschwiegen nach unten hin, aber sehr geschwätzig nach oben. Sie lassen sich bitten und zieren sich, sie machen hier mal eine Andeutung und lassen da eine Bemerkung fallen, kurzum: Sie gehen mit dem Chef so professionell um, wie seine Frau das zu Hause auch tut. Am Ende glaubt der Chef tatsächlich, dass er nun umfassend informiert worden ist. Aber eigentlich hat er nur erfahren, was seine Vorzimmerdame wollte, dass er erfährt.

42 | WARUM SIND ALLE STILL, WENN ICH REINKOMME?

Das ist fast immer ein schlechtes Zeichen. Vermutlich gelten Sie als Spaßbremse, sind unbeliebt, haben keinerlei Netzwerke oder Seilschaften, haben den Ruf der Humorlosigkeit oder der Schleimerei nach oben hin und sind ganz einfach eine Unperson, mit der sich niemand abgeben möchte. Es kann jedoch auch sein, dass Sie als Autoritätsperson gelten oder dass man Ihnen besonders gute Kontakte zur Firmenspitze nachsagt, wie auch immer Sie diese erworben haben mögen. Auch in diesem Fall wird niemand ein Interesse daran haben, dass Sie an den neuesten Gerüchten beteiligt werden und mit eigenen Ohren hören, wer sie verbreitet, ausschmückt und mit blumigen Kommentaren versieht.

Noch schlimmer, als dass Ihr Erscheinen auf der Bühne des Flurfunks eine allgemeine Sprachlosigkeit verursacht, ist jedoch die Totalentleerung des Raumes: Sie betreten die gut besetzte Flurküche, wo die lieben Kollegen auf den Ablageflächen vor der Kaffeemaschine hocken oder an der Wand lehnen, und augenblicklich haben alle Anwesenden etwas Wichtiges vor und verlassen den Raum unter Ablassen von fadenscheinigen Argumenten wie »Na, ich muss dann mal wieder« o.ä. In dem Fall haben Sie zwei Möglichkeiten: Entweder fangen Sie an zu weinen, oder Sie ignorieren es.

Entscheiden Sie sich fürs Weinen, dann sollten Sie eins wissen: Sie ändern damit nichts. Allenfalls setzen Sie sich dem Spott der Kollegen aus. Sie werden vermutlich demnächst nicht mehr in dieser Firma arbeiten – oder Sie werden eines Tages an den Folgen eines Magengeschwürs dahinsiechen. Entscheiden Sie sich aber fürs Ignorieren, dann sollten Sie gleichzeitig aktiv werden: Gehen Sie so oft wie möglich in die Flurküche, verbringen Sie dort so viel Zeit wie möglich, sprengen Sie jede Kollegenrunde allein durch Ihr Erscheinen und achten Sie darauf, ob sich die Kommunikationszentrale des Flurfunks nicht vielleicht heimlich woandershin verlagert: Dann sollten Sie dort auftauchen.

43 | WORAN ERKENNT MAN PROFI-TRATSCHER?

Der Profi-Tratscher ist wichtig. Man kann ihn nämlich gut gebrauchen, wenn man ein bestimmtes Gerücht kommunizieren, aber nicht als Urheber identifiziert werden möchte. Den Profi-Tratscher muss man auch deswegen spontan erkennen können, weil man ihm nicht alles glauben darf: Er erzählt viel und weiß wenig. Die Qualität der von ihm kommunizierten Gerüchte einzuordnen und zu bewerten kann für die eigene Karriere deshalb entscheidend sein. Also: Unterschätzen wir keinesfalls den Profi-Tratscher und versuchen wir, ihn aus all den Zufalls-Tratschern herauszufiltern!

Meistens ist es allerdings kein Profi-Tratscher, sondern eine Profi-Tratscherin. Sie sammelt unbewiesene Gerüchte wie die Kräuterhexe ihr Grünzeug, kommuniziert sie in der Firma und erkauft sich damit eine scheinbare (nicht real existente) Sympathie. Sie will, nein: Sie *muss* beliebt sein und hat meistens ein recht schwaches Ego. Nicht ihre Leistung zählt, sondern sie macht sich durch die Überbringung von Nachrichten einen Namen. Die Profi-Tratscherin gibt es in jeder Firma. Erkennbar ist sie zunächst an ihrer scheinbar selbstlosen Freundlichkeit: Sie bietet Hilfe in jeder denkbaren Problemsituation an, weil sie dadurch eine gewisse Nähe zu schaffen hofft, die den späteren Austausch von verschwiegenen Informationen erleichtert. Zum Zweiten erkennt man die Profi-Tratscherin daran, dass sie einem scheinbar vertrauliche Informationen anvertraut, die man um Gottes willen nicht weitererzählen darf: Sie füttert uns an wie der Dealer den Neukonsumenten! Sie tut das nicht selbstlos (ebenso wenig wie der Dealer), sondern sie gibt, um zu bekommen. Weiterhin kann man die Profi-Tratscherin leicht entlarven, indem man sich ganz einfach eine gute Geschichte ausdenkt, die natürlich auf Kosten eines Dritten gehen muss (auch Sie werden jemanden in der Firma überhaupt nicht ausstehen können, und es ist höchste Zeit, dass Sie ein übles Gerücht über diese Unperson streuen). Tun Sie's unter dem Siegel der tiefsten Verschwiegenheit und warten Sie ab, ob das Gerücht die Runde macht und von wem Sie es in welcher Version zuerst erzählt bekommen! Daran erkennen Sie die Profi-Tratscherin.

44 | UND KANN MAN DEN FLURFUNK NICHT EINFACH IGNORIEREN?

Natürlich. Es ist ja Ihre Karriere, die Sie riskieren. Vertrauen Sie nur auf Ihre innere Stimme! Dann wissen Sie wenigstens, wer am Scheitern Ihrer Karriere schuld gewesen ist: Sie und kein anderer.

Aber es gibt auch diese Regel: Je stärker die Machtposition, desto schwächer darf die Antenne für den Flurfunk sein. Dazu einige Stimmen von Arbeitnehmern: »Die da oben lachen nur drüber, was so getuschelt wird. Wer wichtig ist, den interessiert der Flurfunk nicht so.« »Flurfunk ist was für die schlechter Bezahlten in der Firma.« »Die Halbtagskraft aus unserer Buchhaltung hat immer die neuesten Gerüchte gehört und erzählt sie natürlich auch weiter, bestens informiert ist die Putze, und ihr bester Zuhörer ist der Portier. Daran kann man doch schon sehen, welchen Stellenwert der Flurfunk hat.« »Bei uns ist das genauso. Wo sich viele Leute eine Sekretärin teilen, da wird viel gequatscht. Wo sich viele Sekretärinnen einen Chef teilen, da spielt der Flurfunk keine Rolle.« Wer also Macht und Einfluss hat, der braucht sich um den Flurfunk nicht zu kümmern. Aber solange Sie noch nicht ganz oben mitspielen, ist der Flurfunk ganz zweifellos ein betriebsinternes Medium, das Sie keinesfalls unterschätzen sollten.

5. TEIL:
DIE KOLLEGEN UND IHR
DOPPELLEBEN

45 | IST MEIN KOLLEGE ALKOHOLIKER?

Feine rote Äderchen im Gesicht, rote Nase, aufbrausend, schlecht koordinierte Bewegungen, ungepflegte Erscheinung, ungewaschene Haare, unsteter Blick, flackernde Augen, in Krisensituationen nicht belastbar, unruhige, im Extremfall sogar zitternde Hände: Das sind die gängigen äußeren Symptome, die aber von erstaunlich vielen Kollegen gar nicht wahrgenommen werden. »Was, der ...? Das hätte ich von dem niemals gedacht!«, so wundern sie sich, wenn jemand auf Grund von exzessivem Alkoholkonsum plötzlich aus der Abteilung entfernt wird und vielleicht unter Mitwirkung des Betriebsrates Hilfe angeboten bekommt. Vermutlich gibt es in jeder Firma heimliche Trinker. Und es wäre besser für sie, wenn ihnen rechtzeitig geholfen würde. Bei den Recherchen zu diesem Buch haben wir jedoch festgestellt, dass Arbeitnehmer in unserem Land keinerlei Sensibilität für Alkoholiker an ihrem Arbeitsplatz entwickeln. Sogar wenn Alkoholiker direkt mit ihnen zusammenarbeiten, also z.B. im selben Zimmer sitzen, werden die oftmals eindeutigen Symptome lieber ignoriert als diskutiert. Und es ist vollkommen undenkbar, dass sich Mitarbeiter gemeinsam um einen alkoholgefährdeten Kollegen kümmern. Zumindest haben wir keinen einzigen solchen Fall gefunden. Da wird allenfalls viel getuschelt. Es wird aber weitgehend weggeschaut und eigentlich nicht aktiv gehandelt.

Dabei ist Alkoholismus eine behandlungsfähige Krankheit. Jede größere Firma verfügt über eigene Programme, die für alkoholgefährdete Mitarbeiter entwickelt worden sind. In kleineren Betrieben gibt es solche Angebote natürlich nicht. Aber Alkoholiker gibt es auch in Branchen, in denen Alkoholgenuss während der Arbeitszeit und sogar zwölf Stunden zuvor verpönt sein müsste: »Mein Kumpel erscheint regelmäßig zugedröhnt zur Arbeit«, sagt Jens (38), Kranführer in einer süddeutschen Firma, »der hat oben auf seinem Steuerstand garantiert eine Flasche Schnaps, denn der hat überall seine Ration versteckt.« Alkoholiker gibt es bei der Polizei und im Taxigewerbe ebenso wie bei Chirurgen und Piloten. Was sie gemeinsam haben? Die Notrationen in vielen verschwiegenen Depots, von

denen Kranführer Jens erzählt. Der heimliche Blick in den Schreibtisch oder Spind Ihres Kollegen kann also durchaus Aufschluss über seine verschwiegene Krankheit geben. Nur: Was fangen Sie mit dieser Erkenntnis an? »Außer unserem Filialleiter weiß jeder, dass der Kollege XX trinkt. Er bringt Flachmänner mit und leert sie auf der Personaltoilette«, erzählt eine Verkäuferin aus Oldenburg in Holstein. »So ungefähr zehn bis zwölf sind es pro Tag. Der macht sich nicht einmal die Mühe, die leeren Flaschen wieder mitzunehmen, sondern er wirft sie einfach in den Mülleimer auf der Toilette. Wer will sich da reinhängen? Das bringt doch nur Ärger.«

Typisch ist diese Verhaltensweise allerdings nicht. Die meisten Alkoholiker verbringen einen Großteil ihrer Arbeitszeit damit, ihre Sucht zu verbergen. Mit erstaunlicher Energie und Fantasie basteln sie an verschiedenen Legenden, um mit immer neuen erfundenen Geschichten von ihrem Konsum abzulenken. Deshalb ist die Sucht eben nicht nur ihre Privatsache, wie auch der folgende Fall zeigt: Häufig werden Kollegen von ihnen denunziert, mit Lügengeschichten überzogen und verleumdet – nur, damit vom eigenen Alkoholmissbrauch nicht mehr die Rede ist. Paul (59) arbeitet als Betriebsleiter in einem Restaurant in Hamburg und ist mit der Besitzerin liiert. Schon morgens bedient er sich an der Bar, trinkt Wodka aus Colagläsern und lässt ganze Flaschen verschwinden, die natürlich nicht durch die Kasse laufen. Seine Depots befinden sich z.B. im Lagerraum, hinter Kühlschränken, im Spülkasten der Gästetoilette und sogar im Pkw seiner Lebensgefährtin. Er trinkt sich langsam zu Tode. Den Mitarbeitern ist das natürlich bekannt, aber keiner muckt dagegen auf: Wer zum Beispiel fragt, warum sich der Wodkabestand ständig dezimiert, ohne dass entsprechende Kassenbelege vorliegen, wird von dem Trinker erst bei der Chefin angeschwärzt und dann gekündigt. In dem Lokal herrscht eine ständige Atmosphäre der Angst. Die Fluktuation innerhalb des Personals ist immens; kaum ein Kellner oder Koch übersteht eine einzige Saison. Der Restaurantbesitzerin bleibt das alles natürlich auch nicht verborgen. Sie sieht dem Treiben jedoch untätig zu und scheint dem Alkoholiker in gewisser Weise hörig zu sein. Auch dass bei einer Betriebsprüfung der Ankauf und Verzehr von fast 300 Flaschen Wodka in einem einzigen Jahr (!) ohne entsprechende Kassenbons moniert und nicht als

betriebsübliche Sonderausgabe (z.B. für vom Personal ausgegebene Runden für Stammgäste) akzeptiert wurde, änderte an dem Treiben nichts. Die Flaschen wurden stillschweigend nachversteuert und als »Privatverzehr« deklariert. Im selben Jahr verließen eine Betriebsassistentin, zwei Köche und fünf Leute aus dem Servicepersonal das Restaurant – alle aus demselben Grund. Auch Stammgäste blieben aus, da der Trinker oftmals hinterm Tresen einschlief, auf den Bänken Exkremente hinterließ und volltrunken keinerlei Distanz mehr wahrte. So rutscht der einstmals florierende Betrieb zur Zeit langsam in Richtung Insolvenz; weitere sechs Arbeitsplätze stehen auf dem Spiel.[*]

---

[*] *Kurz vor Redaktionsschluss dieses Buches ist Paul an den Folgen seiner Alkoholkrankheit verstorben.*

46 | WIRD MEINE KOLLEGIN ZU HAUSE VERPRÜGELT?

Während Alkoholismus wenigstens langfristig äußerlich sichtbare Symptome zur Folge hat, sind geprügelte Kolleginnen meistens nur schwer zu erkennen. Im Kinofilm erscheinen sie mit blaugeschlagenem Auge oder mit Sonnenbrille zur Arbeit und behaupten, unglücklich gestolpert zu sein, aber das ist wirklich nur im Kino so einfach: Männer, die ihre Frauen regelmäßig verprügeln, schlagen nicht ins Gesicht. »Wir haben uns alle immer gewundert, warum die eine Kollegin selbst im Hochsommer bis obenhin zugeknöpft zur Arbeit kam und niemals eine kurzärmelige Bluse trug«, berichtet Sachbearbeiterin Antje aus einem Großvertrieb in Kassel. »Erst als sie längst gekündigt hatte und nach einem Selbstmordversuch im Krankenhaus lag, sprach es sich langsam herum: Die ist jahrelang von ihrem Mann misshandelt und vergewaltigt worden. Dabei war sie eigentlich ganz normal, allenfalls etwas in sich gekehrt, ohne weitere soziale Kontakte und sie hat niemals jemanden zu sich nach Hause eingeladen. Auch auf Betriebsfeiern ist sie immer nur ganz kurz erschienen und hat dann dringende Verpflichtungen vorgetäuscht. Das war schon auffällig, aber wer denkt denn an so was? Heute wissen wir es: Sie durfte einfach nicht mit uns feiern. Ihr Mann muss krankhaft eifersüchtig gewesen sein. Sie hat dann wohl doch irgendwie den Absprung geschafft, hat eine Weile im Frauenhaus gelebt und ist jetzt abgetaucht. Keiner von uns weiß, wo sie steckt.«

Ohne echte Freundschaften unter Kolleginnen und totale gegenseitige Offenheit dürfte es also fast unmöglich sein, Opfer von häuslicher Gewalt in der Firma zu erkennen; allerdings gehen geprügelte Frauen kaum Freundschaften im Kollegenkreis ein: Sie schämen sich viel zu sehr, als Prügelopfer enttarnt zu werden, und bleiben für sich. Auch privat brechen sie oftmals ihre sozialen Kontakte ab, melden sich seltener oder gar nicht mehr, nehmen keine Einladungen an und rutschen so immer tiefer in eine Isolation, die ihnen das Beenden ihrer fatalen Situation noch viel schwerer macht. Ein Teufelskreis, aus dem sie kaum noch entkommen können! Kolleginnen ohne soziale Kontakte – das zumindest kann ein Anhaltspunkt sein – könnten

also mit etwas höherer Wahrscheinlichkeit ein gravierendes häusliches Problem haben als solche, die gerne einladen und ausgehen, die viel von ihren Partnern erzählen und diese bei Gelegenheit auch vorzeigen. Ansonsten gibt es offenbar kaum allgemeingültige Anhaltspunkte. Außer der Sonnenbrille und dem angeblichen unglücklichen Sturz. Falls das Leben denn doch einmal so sein sollte wie im Kinofilm.

»Wir haben uns alle immer gewundert, wovon sich der Charly so ein großes Auto leisten kann. Ein Haus hat er auch, sogar mit Pool. Dabei verdient er nicht mehr als wir. Dann wollte sich ein anderer Kollege, den der Charly aber nicht gekannt hat, mal wegen Versicherungen beraten lassen und hat bei so einem Finanzdienstleister angerufen. Wer kam zu ihm nach Hause? Der Charly! Er kannte ihn vom Sehen aus unserer Behördenkantine und hat ihn gleich darauf angesprochen. Charly war das nicht sehr angenehm und er hat darum gebeten, dass es vertraulich bleibt, aber na ja … Am nächsten Tag wussten wir es alle, und da kam dann noch mehr raus: Eigentlich ist es unglaublich, wie viele von uns irgendwas nebenbei machen.«

Diese Schilderung eines hessischen Finanzbeamten ist typisch: Vorwiegend in Branchen mit geregelten Arbeitszeiten wird nebenbei verdient, dass man staunen würde. Der fest angestellte Heizungsinstallateur Marco (42) hat auf den Namen seiner Frau ein eigenes Gewerbe als Hausverwalter und Allround-Handwerker angemeldet; als Ersatzteillager dient ihm mitunter das Lager seines Chefs, verrät er schmunzelnd. Auf Montage greift er schon mal den einen oder anderen Stammkunden ab und bietet ihm dieselbe Leistung etwas preisgünstiger an, wenn sie auf eigene Rechnung erledigt wird. Hilfreich ist bei diesem zweiten Standbein natürlich auch der Firmenwagen, der komplett als rollende Werkstatt eingerichtet ist!

Beamte müssen ihre Nebenjobs eigentlich genehmigen lassen. Aber fragen Sie mal nachts Ihren Taxifahrer, was er tagsüber macht: Wenn er dabei schweigsam wird, ist er wahrscheinlich Polizist oder so was. »Kollegen mit einem zweiten Standbein kann man ganz gut daran erkennen, dass sie ungern Überstunden machen«, sagt ein Dachdecker, und ein Oberstudienrat braucht beide Hände, um die Zahl der Kollegen aufzuzählen, die nachmittags Nachhilfeunterricht geben. Lehrer (obschon recht teuer) werden sowieso gern von Eltern engagiert – vor allem, wenn sie an der Schule unterrichten, die vom eigenen Sprössling besucht wird. Denn im Lehrerzimmer kann man

ja so über dieses und jenes miteinander reden; das sieht kaum jemand verbissen.

Das Mäntelchen des Schweigens überdeckt den riesengroßen zweiten Arbeitsmarkt, auf dem sich jeder, der es mit seinen privaten Verpflichtungen vereinbaren kann, den einen oder anderen Euro dazuverdient – ob schwarz oder ganz legal mit eigenem Gewerbeschein. Viele Chefs tolerieren das sogar, weil sie auf gute Leute nicht verzichten wollen. Tatsächlich sind es nämlich oftmals die Leistungsträger im Betrieb, die nach Feierabend erst richtig loslegen und dann mindestens so viel Geld machen, wie sie tagsüber während der »ersten Schicht« verdienen. »Wenn meine Leute tagsüber ihren Job erledigen, können sie abends machen, was sie wollen«, sagt ein Spediteur. Wenn allerdings einer seiner Fahrer nach Feierabend – wie geschehen – von ihm am Steuer einer Taxe angetroffen wird, spricht er dann doch ein Machtwort: »Bei mir muss er Ruhezeiten einhalten und dann fährt er noch mal acht Stunden, das geht natürlich nicht. Der ist doch morgens niemals fit!«

48 | BEKLAUT MEIN KOLLEGE UNSERE FIRMA?

Gehen Sie getrost davon aus. Jedenfalls, wenn Sie unter Klauen jede Form der persönlichen Bereicherung auf Kosten des Arbeitgebers verstehen. Dann allerdings zählt bereits das Telefonat mit der Oma auf Teneriffa, das man natürlich nicht von zu Hause aus führt, zum Diebstahl von firmeneigenem Vermögen (in diesem Fall von Telefonkosten). Büromaterial mitgehen zu lassen ist in fast jeder Firma selbstverständlich; den meisten Ihrer Kollegen fehlt hierbei jedes Unrechtsbewusstsein. Mehr Kilometer als tatsächlich gefahren aufzuschreiben und abzurechnen ist ebenfalls Usus und wird mit einem Lächeln abgetan. Geklaut wird jedoch vorzugsweise im Kleingeld-Bereich; so hat ein großer norddeutscher Konzern alle elf Etagen seines Bürohauses mit Toilettenpapierspendern ausstatten lassen – ist eine Rolle leer, so rutscht die nächste nach; heimlich unterm Jackett eine Rolle mitgehen und in der Aktentasche verschwinden lassen ist nun unmöglich.

Man stelle sich das einmal vor! So eine Maßnahme kostet eine Menge Geld, und grundlos wird der Konzern sie nicht angeordnet haben. Kostet so ein Toilettenpapierspender nur angenommene 15 Euro und gibt es auf jeder Etage zwölf Toiletten mit je drei Kabinen für Männlein und Weiblein, so wurden für insgesamt 792 Toilettenpapierspender im ganzen Haus 11 880 Euro ausgegeben, wobei die Kosten fürs Abbauen der alten, die Montage der neuen und deren Reparatur bzw. Wartung und Pflege noch nicht einmal mitberücksichtigt sind. Soll sich diese Investition in zehn Jahren refinanziert haben, so muss in dem Konzern bisher pro Jahr für mindestens 1188 Euro Toilettenpapier geklaut worden sein! Und noch nicht mal dreilagiges Papier, sondern ganz dünne Billigqualität.

49 | NIMMT MEIN KOLLEGE KOKS?

Eines ist sicher, vielleicht wird es Sie überraschen: Kokain ist *die* Modedroge am deutschen Arbeitsplatz. Vermutlich nimmt mehr als einer Ihrer Kollegen gelegentlich oder regelmäßig eine »Nase« – es sei denn, in Ihrer Branche wird fürs Koksen einfach zu schlecht gezahlt. Sie wären möglicherweise sehr erstaunt, wenn Sie definitiv wüssten, um welche Leute es sich handelt. Es sind nämlich durchaus nicht die stets schlecht gelaunten, die aufbrausenden und die hysterischen Kollegen mit der unterentwickelten Selbstkontrolle. Es sind auch nicht die verbissenen In-sich-hinein-Fresser, nicht die scheinbar Sensiblen, nicht die ewig Gemobbten, nicht die notorischen Loser und auch nicht die mit der mangelnden Körperpflege.

Nein. Es sind die Winner. Die stets besonders Witzigen. Die Alles-Schaffer. Die Beißer. Die Karrieristen. Die Netzwerk-Knüpfer. Die im Edelzwirn mit dem angesagten Outfit und dem Klasse-Auto. Die mit den schönen Frauen und den guten Manieren. Die schon morgens im Lift nach Douglas riechen und deren Aufstieg in der Firma nichts mehr bremsen kann. Die koksen.

Okay: Nicht jeder Kollege, auf den die oben genannten Kriterien zutreffen, dröhnt sich mit dem weißen Pulver zu. Aber Koksen ist längst keine Sache von Minderheiten mehr. Dieser Umstand macht Kokain natürlich nicht sympathischer; zu Risiken und Nebenwirkungen fragen Sie Ihren Arzt oder Apotheker, und alt werden die Kokser sowieso nicht. Aber es gibt sie in jeder größeren Firma, und scheinbar sind sie tatsächlich fast unbegrenzt belastbar.

Scheinbar. Weil sie das Zeug immer öfter brauchen und es immer schwieriger für sie wird, die Sache zu verheimlichen. Kokser in der Firma, das sei zu Ihrem Trost gesagt, haben nur eine sehr begrenzte Erfolgsphase. Ihre Karriere geht oftmals steil aufwärts, häufig jedoch auch ebenso schnell wieder bergab. »Meine frühere Freundin Madeleine hat es echt weit gebracht«, sagt Valerie M., die in einer großen Frankfurter Werbeagentur arbeitet. »An uns allen ist sie vorbeigezogen wie ein Komet. Tag und Nacht gearbeitet. Immer gut drauf. Das war so eine richtig Ausgeschlafene. Die brauchte eigentlich gar

keine Erholung. Sah toll aus. Anfangs. Dann kamen die Symptome. Sie wurde unkonzentriert. Machte Fehler. Wurde gefeuert. Geblieben ist ihr nur das Koks, denn das konnte sie nicht einfach so feuern. Hab sie mal zufällig wieder getroffen: grausam.«

Wenn Ihr Kollege auffällig häufig die Luft mit kurzem Schnauben durch die Nase einzieht, so als würde sie ihm laufen, wenn er sich im Gespräch immer wieder einmal wie zufällig an die Nase fasst, wenn er als »Angewohnheit« oft mit der Zunge über sein Zahnfleisch fährt und leicht gerötete Augäpfel hat, dann stellen Sie sich die Frage aus der Überschrift dieses Kapitels mit Recht. Wenn Sie ihn dann noch in seiner Freizeit mit Menschen sehen, die man nicht unbedingt als Tischnachbarn haben möchte und die eigentlich so gar nicht zu seiner feinen Art passen, dann haben Sie die Frage fast schon beantwortet. Und wenn er während der Arbeitszeit unter erstaunlich häufig auftretendem Harndrang zu leiden scheint, sprich ständig mal für einen kurzen Moment auf dem WC verschwindet, dann ist das durchaus ebenfalls ein ernst zu nehmendes Indiz fürs Koksen auf die Schnelle.

50 | VERSCHWEIGT MEIN KOLLEGE EINE VORSTRAFE?

Das kann gut sein. Verlangt der Arbeitgeber kein polizeiliches Führungszeugnis und steht die Vorstrafe in keinem direkten Zusammenhang mit der jetzigen Tätigkeit, so muss Ihr Kollege sie bei der Einstellung nicht einmal erwähnen. Dann weiß sogar die Personalabteilung nichts davon. Anders sieht es aus, wenn Ihr Kollege z.B. als Buchhalter arbeitet, aber wegen Betrugs vorbestraft ist: Das hätte er angeben müssen. Und wenn es rauskommt, kann er fristlos entlassen werden.

Aber selbst wenn er nur auf Bewährung frei ist, muss er das nicht in jedem Fall verraten. Es wäre auch nicht gut: Wie soll ein ehemals Straffälliger, der von Kriminalität ein für allemal die Nase voll hat, jemals wieder ins normale Leben zurückfinden – wenn jeder Kollege weiß, was er damals verbrochen hat und die Leute in der Kantine mit dem Finger auf ihn zeigen? Andererseits ist es natürlich keine angenehme Vorstellung, dass man vielleicht mit einem verurteilten Taschendieb zusammen in einem Büro sitzt: Da lässt man die Handtasche doch garantiert nicht so offen herumliegen. »Wir haben uns so unsere Gedanken gemacht über die neue Kollegin Beate«, erzählt Katrin S. aus einem Callcenter in Sachsen: »Jemand kannte jemanden, der eine alte Bekannte von Beates Cousin kannte, da gab es einige Gerüchte, und dann hat sie sich auch irgendwie komisch verhalten, also oftmals heimlich mit irgendwelchen Behörden telefoniert und so. Ihr Privatleben und was sie vorher gemacht hat, da waren auch eine Menge Lücken. Wir wurden nicht so richtig schlau aus der.«

Aus diesen Worten – so im O-Ton zu Protokoll genommen – spricht doch wirklich die typisch deutsche Blockwart- und Bespitzelungs-Mentalität, oder? »Wir wurden nicht so richtig schlau aus der« und »Da gab es einige Gerüchte!« Na, super. Die Sache nahm ihren Lauf: »Der Mann von unserer Gruppenleiterin, der war ja früher bei der Stasi, und da gibt es doch immer noch Kontakte. So in Polizeikreise und auch weiter nach oben. Also mal in den Computer zu schauen, das war kein Problem. Und Bingo: Die Beate, die hat schon mal we-

gen Urkundenfälschung in U-Haft gesessen. Echt im Knast! Also die hat bei uns kein Bein mehr auf den Boden gekriegt.« Allerdings ging diese Geschichte anders aus, als Katrin S. das erwartet hätte: Von den Kollegen gemobbt, kündigte jene Beate und – gründete alsbald ein eigenes Callcenter, unterbot die Tarife ihres ehemaligen Arbeitgebers, warb 14 Kolleginnen von Katrin S. ab und ist zum Zeitpunkt des Erscheinens dieses Buches immer noch äußerst erfolgreich, während Beate S. inzwischen wegrationalisiert wurde – ihr Arbeitgeber hat den Firmensitz hinter die polnische Grenze verlegt und macht jetzt mit der Hälfte der Belegschaft den doppelten Gewinn.

51 | ARBEITET MEIN KOLLEGE HEIMLICH FÜR DIE KONKURRENZ?

In kleineren Firmen lohnt sich Betriebsspionage nicht, und von den »großen Fischen« soll hier nicht die Rede sein. Was allerdings aus vielen Firmen berichtet wird, ist das unbeabsichtigte Ausplaudern von Betriebsgeheimnissen durch allzu naive Kollegen. »Bei uns im Ort gibt es nur zwei Supermärkte und unser Chef versucht natürlich, den anderen Markt möglichst oft mit Sonderangeboten auszustechen«, erzählt Birgit, Verkäuferin in einem Dorf an der Nordsee. »Letztes Jahr fiel uns aber auf, dass die offenbar recht gut informiert waren. Wenn wir morgens unsere Angebotstafeln malten, dann hatten die schon genau die gleichen Angebote, oft sogar noch ein paar Cent billiger als wir. Dann sind wir drauf gekommen, dass kürzlich eine Verkäuferin von uns zur Konkurrenz gewechselt war und noch hervorragende Kontakte zu unserer Fleischabteilung pflegte. Man traf sich oft privat und so. Wir haben uns zusammengesetzt und überlegt, was wir tun können, aber von der Fleischabteilung war natürlich keiner dabei. Unser Chef hat vorgeschlagen, dass wir uns Sonderangebote ausdenken, immer nur eine Kollegin darüber informieren und abwarten, was passiert. So haben wir es auch gemacht und Bingo: Wenn Frau B. beispielsweise der Meinung war, dass unser Rindergulasch am nächsten Tag ins Sonderangebot geht, dann hatte die Konkurrenz auch das Gulasch billiger! Wenn wir es aber nur dem Herrn K. erzählt haben, passierte gar nichts. Da war der Fall natürlich klar und es gab ein ernstes Gespräch mit Frau B. Sie hatte das gar nicht böse gemeint, sondern einfach nur so vor sich hin geplappert. So was von naiv! Seitdem ist das bei uns nicht mehr passiert. Frau B. ist übrigens verdammt froh, dass sie nicht gefeuert wurde, denn so viele Jobs gibt es bei uns auf dem Land nicht für Verkäuferinnen.«

Aber nicht nur Naivität kann die Ursache für Geschwätzigkeit sein. Mitarbeiter, die von ihrer Firma enttäuscht sind oder sogar einen Hass auf die Geschäftsleitung haben, sind für freizügige Gespräche am Biertisch ebenfalls sehr empfänglich und nehmen es mit Betriebsgeheimnissen nicht so genau. »Die vergessen dabei, dass sie

nicht nur den Bossen schaden, sondern noch mehr den eigenen Kollegen«, sagt Malergeselle Rainer K. aus Hessen, der so einen Fall bei seinem früheren Arbeitgeber erlebt hat: »Wir haben viel mit öffentlichen Aufträgen gemacht, wo es eine Ausschreibung gibt. Da war nun ein Kollege, der kam mit unserem Chef überhaupt nicht zurecht. Blöderweise war er mit den Ausschreibungen befasst und konnte das auch von allen am besten. Aber plötzlich bekamen wir keine Aufträge mehr. Die Konkurrenz war immer etwas preiswerter als wir. Das ging schnell an die Substanz: Sieben Kollegen mussten nach einem Jahr gehen. Ich war auch dabei. Es wurde nie so ausgesprochen, aber insgeheim wussten wir es alle: Der hatte seine eigenen Angebote ausgeplaudert, um den Boss zu ärgern. Meine frühere Firma ist vor einigen Monaten in die Insolvenz gegangen und ich musste die Stadt wechseln, obwohl meine Söhne noch in die Schule gehen.«

52 | LÄSST SICH MEIN KOLLEGE SCHMIEREN?

Fast jeder, der im öffentlichen Dienst arbeitet, hat eine Geschichte zu diesem Thema auf Lager. Unternehmer, die Aufträge vom Staat zu bekommen versuchen, sind vom Wohlwollen bestimmter Beamter abhängig. Da liegt es nahe, dass man dem Wohlwollen etwas unter die Arme greift. Seltener sind Fälle, in denen pralle Briefumschläge mit Bargeld den Besitzer wechseln. Häufiger wird berichtet, dass Beamte kleineren oder größeren Gefälligkeiten nicht abgeneigt sind. »Wir haben ständig mit Firmen zu tun, die in unserer Kleinstadt die öffentlichen Gebäude reparieren: Elektriker, Installateure, Dachdecker, Hoch- und Tiefbau – die ganze Palette aus der Region hier, dazu noch die ganzen Bewerber aus dem Osten, die in der Regel preiswerter sind«, sagt der leitende Beamte einer Behörde und schildert nach Zusicherung seiner Anonymität, wie das Schmieren in der Praxis abläuft: »Wenn mein Kollege oder ich selber eine Reparatur am Privathaus haben, sagen wir mal, da ist Schwamm in den Wänden, und morgens sitzt mir ein Unternehmer gegenüber, der genau darauf spezialisiert ist, mein Gott: Den frage ich doch, ob er mir einen Betrieb empfehlen kann! Ist doch normal! Das würde jeder machen. Er sagt: Kein Problem, das schaue ich mir gern mal selber an. Ich sage daraufhin, was ich sagen muss: Aber ich möchte eine ehrliche Rechnung wie andere Kunden auch, keinen Rabatt auf nix. Klar, sagt er, das machen wir so. Okay. Er schaut sich das an, seine Leute kommen, erledigen die Arbeit, alles prima gemacht. Dann kriege ich eine Rechnung, aber die kommt mir irgendwie geschrumpft vor. Was soll ich jetzt tun? Anrufen und sagen, dass ich mehr zahlen will? Ich bezahle die Rechnung und gut ist. Beim nächsten Auftrag versuche ich, den Unternehmer nicht zu bevorzugen, aber gelingt mir das? Es ist ein schmaler Grat, das ist klar. Ich weiß von Kollegen, wo ständig Autos von Firmen, mit denen wir gute Geschäfte machen, vor der privaten Baustelle stehen. Was da abläuft, will ich gar nicht wissen. Es ist absolut normal.«

Wer glaubt, dass öffentliche Aufträge nur auf Grund von finanziellen Kriterien vergeben werden, der ist naiv. Es wäre ja auch nicht

sinnvoll, denn der billigste Anbieter ist nicht immer der beste. Ein Beispiel. Um die komplette Außen- und Innenreparatur eines Polizeibootes bewarben sich zwei Werften. Eine aus Mecklenburg-Vorpommern; sie war die preiswertere. Die andere aus der Gegend von Lübeck. Sie gab ein Angebot ab, das gut 10 Prozent höher lag. Aber: Sie verfügte über ein komplett überdachtes Dock, in dem wetterunabhängig gearbeitet werden konnte. Was der Haltbarkeit der Arbeiten natürlich zugute kam. »Wenn ich den billigsten Anbieter nehme, kann ich das Schiff nach zwei Jahren wieder in die Werft schicken. Nehme ich die bessere, hält der Anstrich fünf Jahre«, sagt der zuständige Beamte. »Die Billigheimer können mir viel erzählen, dass sie nur bei trockenem Wetter arbeiten und so. Ich weiß doch, dass sie ihren Preis dann niemals halten könnten. Und immer stehe ich auch nicht daneben.«

Geschmiert werde er nicht, sagt der Mann. Er weist das sogar ehrlich empört von sich. In mecklenburgischen Werftkreisen will allerdings das Gerücht nicht verstummen, dass zwischen der West-Werft und der Behörde durchaus eine gewisse, über das rein Berufliche hinausgehende Sympathie bestehe, gegen die man als »Ossi-Werft« nicht ankomme.

In einer Stadt an der Elbe machte kürzlich ein Behördenvertreter Schlagzeilen. Er hatte jahrelang einen teuren Wagen gefahren, der im Kennzeichen die Initialen eines bestimmten Unternehmers hatte. Das war nun wirklich zu auffällig: Es kam zu Verurteilungen. Im Jahre 2007 war in der Presse viel über den »Siemens-Skandal« zu lesen; auch hier ging es um gezahlte Schmiergelder – in Ländern, wo Bestechungen ganz normal sind.

Der sogenannte »Siemens-Skandal« und der zum Schnäppchenpreis beseitigte Schwamm in der Hauswand des Beamten, der in diesem Kapitel zitiert wurde, haben eins gemeinsam – so unterschiedlich die beiden Fälle auch gelagert sind. In beiden Fällen zucken Praktiker mit den Schultern, verdrehen die Augen und können die öffentlich geäußerte Empörung nicht nachvollziehen. Ein Manager sagt: »Was geht es den Staat an, wenn mein Konzern aus einer speziellen Kasse Geld in die Hand nimmt und irgendwo am Arsch der Welt einen Beamten besticht, damit wir Aufträge in Millionenhöhe an Land ziehen? Wenn wir nicht zahlen, dann tut es die Konkurrenz.

Da sollte sich die Justiz heraushalten. Wir erhalten Arbeitsplätze, die sonst woanders geschaffen werden ...«

Ein selbstständiger Handwerker sagt: »Was geht es den Staat an, wenn ich Geld in die Hand nehme und meine Leute einem Behördenmenschen bei der Reparatur seines Hauses helfen? Wenn ich das nicht mache, hilft ihm die Konkurrenz. Da sollte sich die Justiz heraushalten. Ich erhalte Arbeitsplätze, die sonst woanders geschaffen werden ...«

53 | IST MEIN KOLLEGE EIN AGENT VOM CHEF?

Mit wem geht Ihr Chef mittags essen? Neben wen setzt er sich auf der lockeren Party? Wer kann sagen, was er will, und der Chef nickt einfach alles ab? Das ist der Agent! Der macht Karriere! An den sollten Sie sich ranschmeißen! Der hat den Bogen raus. Der weiß, wo es langgeht. Der petzt garantiert alles weiter, was Sie ihm erzählen. Aber das können Sie ja geschickt nutzen und zu Ihrem eigenen Vorteil machen!

Gehen Sie getrost davon aus, dass Ihr Chef in jeder Abteilung einen Mitarbeiter seines Vertrauens sitzen hat, auf dessen Rat er hören wird. Wenn ihm Unregelmäßigkeiten oder Streitigkeiten zu Ohren kommen – aber auch, wenn es um die Besetzung von begehrten Posten geht. Die Frage in der Überschrift klingt sehr negativ, aber so muss man das gar nicht sehen. Ist doch schön, wenn der Chef zu jemandem Vertrauen hat! Der ist dann natürlich gleichzeitig auch sein Agent, sein Abgesandter, sein Einflüsterer. Der betreffende Kollege wird sich allerdings hüten, das in ihn gesetzte Vertrauen durch vermeintliche Solidarität mit Kollegen in irgendeiner Weise zu gefährden. Also zählen Sie nicht auf den Agenten – nutzen Sie ihn aus. Oder werden Sie selbst der Agent vom Chef. Das wäre für Ihr Fortkommen natürlich das Allerbeste.

Der Agent vom Chef ist oftmals ein ganz gerissener Hund. Er macht zum Beispiel jeden Spaß in der Firma mit und schlägt ganz gern mal über die Stränge. Das macht er natürlich nicht, weil er wirklich ein fröhlicher Mensch ist. Sondern er will nicht auffliegen! »Ach kommt, Leute, heute machen wir mal früher Schluss« ist so ein typischer Agenten-Satz. Ebenso wie »Bleibt doch mal locker« oder »Ich bin auf der Arbeit, nicht auf der Flucht«. Alles Tarnung! Achten Sie nicht auf solche lockeren Sprüche. Achten Sie nur darauf, wie der Chef ebendiesen Kollegen behandelt. Seien Sie dabei umsichtig und klug. Hier ein Blitztest*, mit dem Sie ganz leicht herausfinden können, ob Ihr Kollege ein Agent vom Chef ist.

---

* *Entwickelt von Psychologen der Uni Kansas unter Leitung von Prof. Dr. N. Simon*

1. Wenn die beiden miteinander sprechen, sind ihre Oberkörper dann leicht einander zugeneigt? (Ja = 2 Pkt.)
2. Senkt der Chef seine Stimme, wenn er mit dem Kollegen spricht? (Ja = 4 Pkt.)
3. Schaut der Chef öfter mal kurz zu dem betreffenden Kollegen rüber, wenn ein Dritter spricht? (Ja = 2 Pkt.)
4. Gehen die beiden manchmal mittags gemeinsam essen? (Ja = 1 Pkt.)
5. Berührt einer den anderen beim Gespräch unter vier Augen, z.B. mit flüchtigem Griff an Schulter oder Arm? (Ja = 7 Pkt.)
6. Sitzt der Chef auf Partys oftmals in der Nähe des Kollegen bzw. direkt neben ihm? (Ja = 4 Pkt.)
7. Duzen sich die beiden? (Ja = 1 Pkt.)
8. Gibt es eine Connection von früher her, z.B. aus einer anderen Firma, oder weiß man, dass einer den anderen mitgebracht bzw. empfohlen hat? (Ja = 9 Pkt.)
9. Fallen Ihnen mindestens zwei Angewohnheiten, Gepflogenheiten oder Eigenarten Ihres Chefs ein, die betreffender Kollege sich ebenfalls zu eigen gemacht hat? (Ja = 5 Pkt.)
10. Noch mal eine Testfrage aus dem Bereich der Körpersprache. Hat einer der beiden gern die Arme verschränkt, wenn er mit dem anderen spricht? (Nein = 5 Pkt., Ja = 0 Pkt.).

Wenn Ihr Kollege bei diesem Blitztest unter 20 Punkte erreicht, dann ist er kein Agent vom Chef. Erreicht er mindestens 20 Punkte, dann möchte er gern einer sein. Erreicht er 30, dann ist er einer. Liegt er über 30 Punkten oder kommt sogar nahe an die 40 heran, dann steckt er wie ein Zäpfchen im Gedärm Ihres Chefs.

54 | IST MEIN KOLLEGE VIELLEICHT PRIVAT GANZ ANDERS?

Diese Frage wird landesweit schwer unterschätzt. Sie ahnen nicht, was sich hinter der Fassade verbirgt, die Ihr Kollege in der Firma zeigt. In einem Hamburger Konzern gibt es einen Boten, der tagaus, tagein die Hauspost von der dritten zur siebten und von dort über die elfte Etage zum Erdgeschoss fährt. Er benutzt dafür einen Wagen, den er hinter sich her zieht. Sein Nettogehalt dürfte bei ungefähr 900 Euro liegen. Maximal. Das macht er schon seit sechs Jahren. Eigentlich ist er ein gut aussehender Typ. Um die 40, etwas längere Haare, stets gut gelaunt und überhaupt nicht dumm. Vielleicht hat sich der eine oder andere Kollege auch schon mal gefragt, wieso dieser Typ eigentlich als Bote arbeitet. »Ich kannte ihn schon jahrelang. Neulich traf ich ihn im Lift und er hatte so ein großes bemaltes Stück Holz dabei. Ich fragte ihn, was das ist. Da erzählte er mir: Ich bin Künstler und bemale Strandholz mit maritimen Motiven; dies hier habe ich gerade eben verkauft«, erzählt Anlageberater Christian F., »da habe ich echt gestaunt und mich mal darum gekümmert, wer bei uns eigentlich noch so ein interessantes Doppelleben hat. Sie ahnen nicht, wie viele Leute ich gefunden habe, die privat was ganz anderes machen. Ich habe dann unserer Hauszeitschrift mal einen Tipp gegeben, dass sie dazu aufrufen sollen: Wer macht eigentlich was privat? Es ist unglaublich, wie groß die Resonanz gewesen ist.«

In einem anderen Konzern wurde anlässlich der Weihnachtsfeier 2007 ein Karaoke-Wettbewerb veranstaltet. Da gab es einen Kollegen, der hatte das ganze Jahr noch in keiner einzigen Konferenz auch nur ein einziges Mal den Mund aufgekriegt. Man sagte, dass er stottert; aber selbst das war schwer zu beweisen – weil er nicht sprach. Auch wusste keiner, was er eigentlich macht in der Firma. Wohl aus Bosheit wurde ausgerechnet dieser Kollege verpflichtet, beim Karaoke-Singen die Fahne seiner Abteilung hochzuhalten. Und was stellte sich heraus? Er war der perfekteste Howard-Carpendale-Imitator, den man sich vorstellen kann, brillierte mit perfekter Performance und einer unglaublichen Stimme und sahnte ganz cool den

ersten Preis ab. Versteckte Talente: Die gibt es in jeder Firma! Und auch Ihr Kollege ist privat vielleicht ganz anders, als er sich gibt.

Sie werden das nur herauskriegen, wenn Sie zu Ihrem Kollegen Kontakt pflegen. Und Sie können ganz sicher sein, dass es nicht lange dauert. Die meisten Kollegen sind nämlich ganz wild darauf, von ihrem »eigentlichen« Leben zu erzählen. Wir haben Finanzbeamte kennengelernt, die in Kanada Turniere als Fliegenfischer gewannen und auch schon mal einen Grizzly am Zelt begrüßten. Wir trafen Kellnerinnen, die ohne Weiteres bei DSDS einen Plattenvertrag bekommen hätten, Polizisten mit unglaublicher Zockerqualität, Taxifahrer mit wirklich schönen selbstgemalten Gemälden zuhause und Hotel-Portiers, die ohne Noten auf dem Pult Toccaten und Fugen von Bach auf jeder Kirchenorgel der Welt spielen konnten.

Ja – Ihr Kollege ist mit hoher Wahrscheinlichkeit ganz anders, als Sie ihn aus der Firma kennen. Es lohnt sich, darüber etwas herauszukriegen. Und wenn es nur um die Sensation geht, dass sich der größte Arsch der Firma privat ganz liebevoll um sein Kleinkind kümmert! Testen Sie es mal aus. Sie werden auf jeden Fall staunen, wie viele Kollegen mit einem interessanten Doppelleben es in Ihrer Firma gibt.

55 | UND WAS IST MIT MEINEM DOPPELLEBEN?

Es kommt natürlich darauf an, was für ein Doppelleben das ist. Wenn Sie zum Beispiel tagsüber in der Firma für den Schutz von Nichtrauchern kämpfen und abends Ihre Lieben mit Zigarrenqualm belästigen, dann ist das relativ harmlos, und es wird sich kaum jemand dafür interessieren. Wenn Sie Ihre Gattin hin und wieder bitten, sich als Schulmädchen zu verkleiden und sich zum Sex einen Ranzen umzuschnallen, ist auch das nicht unbedingt relevant und könnte über Jahre Ihr ganz persönliches kleines Geheimnis bleiben. Wenn Sie allerdings koksen, heimlich schwul sind oder gern in Swingerclubs gehen, was ja auch niemanden etwas angeht, dann sollten Sie äußerste Vorsicht walten lassen. Geben Sie sich nie, wirklich niemals dem Irrtum hin, dass Sie schlauer als andere sind! Das ist nämlich garantiert nicht der Fall. Wir haben tatsächlich einige Arbeitnehmer (auch in leitenden Positionen) dazu gebracht, uns ihre privatesten und nicht unbedingt karriereförderlichen Geheimnisse anzuvertrauen. Es waren sehr viele dabei, die sagten: »Wir hätten niemals gedacht, dass es rauskommt. Aber es ist doch rausgekommen.« Hier gilt die Grundregel: Wenn Ihr eigenes geheimes Doppelleben Sie dazu zwingt, Dritte einzuschalten (als Dealer, Freier oder sonstige Lieferanten von Genussartikeln bzw. -leistungen), dann dauert es nicht lange. Garantiert gibt es in Ihrem persönlichen Umfeld jemanden, der dasselbe Geheimnis mit sich herumträgt. Die Welt wird kleiner, je globalisierter sie ist. Und Kollegen sind geschwätziger, als Sie sich das vorstellen können.

6. TEIL:
DIE KOLLEGEN UND IHR SEX

56 | HAT SICH MEINE KOLLEGIN HOCHGESCHLAFEN?

Das fällt vielen ja als Erstes ein, wenn sie es mit einer erfolgreiche(re)n Kollegin zu tun haben. Vor allem, wenn sie nicht nur Karriere macht, sondern auch noch ganz gut aussieht. Übrigens reden Frauen mehr darüber als Männer, was gängigen Vorurteilen widerspricht: Frauen sind ziemlich fies, wenn sie über andere Frauen tuscheln, und gönnen sich gegenseitig nicht die Butter auf dem Brot. Der Satz »Die hat sich doch hochgeschlafen« wurde in den Interviews für dieses Buch 132 Mal von Frauen, aber nur 49 Mal von Männern geäußert.* Was aber »hochschlafen« überhaupt bedeutet, darüber gehen die Meinungen auseinander; es herrscht ein gewisses erotisches Begriffschaos in deutschen Firmen: Für die einen ist es bereits hochschlafen, wenn die betreffende Kollegin (eventuell vor Jahren) mal eine Beziehung mit einem Vorgesetzten hatte; die anderen meinen mit dem Begriff, dass die Kollegin ihre körperlichen Reize gezielt und wiederholt einsetzt, um männliche Mitarbeiter zu becircen. Aber auch die Vertreter dieser Definition können danebenliegen. Denn allein die Tatsache, dass eine Frau ihre Partner vorwiegend aus dem Kollegenkreis rekrutiert, rechtfertigt noch lange nicht den Begriff »hochschlafen«. Wo soll eine berufstätige Frau heutzutage sonst ihre Partner kennenlernen, wenn nicht in der eigenen Branche? Dort verbringt sie doch ihre meiste Zeit! Bei einer großen öffentlich-rechtlichen Rundfunkanstalt gilt eine bestimmte erfolgreiche Mitarbeiterin, die jeder kennt, als »Sender-Matratze«, nur weil sie nacheinander mit vier ihrer direkten Vorgesetzten liiert war. Aber ist das gerecht? Kann ja auch Liebe gewesen sein, viermal hintereinander! Macht macht nun mal sexy. Und es ist ein Schelm, wer Böses dabei denkt.

Will man den Begriff »hochschlafen« korrekt definieren, so muss man wohl weiter eingrenzen: Nur wenn die betreffende Kollegin als durchgängige Triebfeder für ihre wechselnden Sexualkontakte ihr eigenes berufliches Weiterkommen hat und dabei erfolgreich vorgeht, kann man getrost von »hochschlafen« sprechen.

---

* *Die ca. 1000 Interviews wurden mit ebenso vielen Männern wie Frauen geführt.*

Ob das bei derjenigen Kollegin zutrifft, an die Sie jetzt gerade denken, ist nur schwer festzustellen. Sie wird es Ihnen ja nicht freiwillig verraten. Auch die Sache mit der Attraktivität der Frau (Zitat aus diesem Kapitel: »vor allem, wenn sie ... ganz gut aussieht«) ist ein wackeliges Indiz, denn hochschlafen tun sich mitunter auch Frauen, die überhaupt nicht gut aussehen. Aus vielen Gesprächen zu dieser pikanten Frage und der Auswertung von wissenschaftlichen Untersuchungen zum Thema »Sex am Arbeitsplatz« ergeben sich jedoch die folgenden vagen Hinweise, wiederum in einem praktischen Blitztest zusammengefasst:

1. Verändert die Kollegin ihr Verhalten total, wenn ein Vorgesetzter in der Nähe ist? (Ja: 5 Pkt.)
2. Schleicht sich die Kollegin auf Betriebsfesten vorzugsweise in die Nähe von Entscheidungsträgern? (Ja: 4 Pkt.)
3. Ist Gesprächsthema in der Firma, dass diese Kollegin bereits den einen oder anderen einflussreichen Kollegen vernascht hat / vernascht haben soll? (Ja: 1 Pkt.[*])
4. Gilt die Kollegin als Single? (Ja: 6 Pkt.)
5. Verfügt die Kollegin entsprechend ihrer Funktion in der Firma auch über die dazugehörige hohe fachliche Kompetenz? (Nein: 3 Pkt.)
6. Werden der betreffenden Kollegin mehr als zwei eventuell schon länger zurückliegende sexuelle Kontakte zu Vorgesetzten nachgesagt? (Ja: 1 Pkt.)
7. Gibt es zwei oder mehr leitende Mitarbeiter in der Firma, die im Vertrauen aktuelle oder zurückliegende sexuelle Kontakte zu der betreffenden Kollegin einräumen bzw. sich damit brüsten? (Ja: 8 Pkt.)
8. Beteiligt sich die betreffende Kollegin an Gesprächen über andere Kolleginnen, die sich angeblich hochgeschlafen haben sollen? (Nein: 5 Pkt.)
9. Mal ehrlich: Können Sie ausschließen, dass hinter den Gerüchten über die betreffende Kollegin nur blanker Neid steckt? (Ja: 4 Pkt.)

---

* Nur 1 Punkt, weil in deutschen Firmen viel erzählt wird, wenn der Tag lang ist.

10. Gibt die betreffende Kollegin zu, dass sie ihre Karriere mit sexuellen Mitteln unterstützt/bereits unterstützt hat? (Ja: 9 Pkt.)

Auswertung: Bis 20 Pkt.: Nein, Ihre Kollegin schläft sich nicht hoch. Bis 30 Pkt.: Ihre Kollegin schläft sich vielleicht gelegentlich hoch. Bis 40 Pkt.: Ihre Kollegin schläft sich auf jeden Fall hoch, hat aber noch gewisse Skrupel. Über 40 Pkt.: Wie »bis 40 Pkt.«, nur ohne Skrupel.

57 | WAS GEHT WIRKLICH AB AUF DER WEIHNACHTSFEIER?

Nicht mehr so viel wie in den wilden 80ern, aber immer noch genug. Zunächst einmal muss man sagen, dass die meisten Geschichten über schnellen Sex auf der Toilette, während die Kollegen draußen »O du fröhliche« singen, frei erfunden sind. Vor allem Männer neigen dazu, sexuelle Erlebnisse auszuschmücken und zu übertreiben. Schade und ärgerlich ist dabei, dass der Ruf von manchen Kolleginnen blitzschnell durch eine einzige Weihnachtsfeier zerstört wird – obwohl sie eigentlich gar nichts gemacht haben, außer zu dem einen oder anderen Kollegen ein bisschen harmlos nett zu sein.

Noch vor 20 Jahren waren Weihnachtsfeiern die reinsten Orgien. Fast jeder, der schon länger in einer Firma arbeitet, erinnert sich an die unglaublichsten Szenen. Da ist die in Ehren ergraute Justiziarin, die nach dem Genuss von einigen Gläschen Wodka auf dem Schreibtisch des Vorstandsvorsitzenden den total erschrockenen Austräger der Poststelle vernaschte! Während die Belegschaft in der geöffneten Tür stand und begeistert applaudierte. In einem anderen Konzern kursiert die Geschichte von der züchtigen Archivarin, die zu später Stunde auf der Weihnachtsfeier nacheinander mit zwölf willkürlich ausgewählten Kollegen auf der Damentoilette verschwand und danach immer noch nicht genug hatte (sie arbeitet heute noch dort und ist eine wirklich gute Archivarin; hier hat der Flurfunk Gnade vor Quatschen walten lassen).

Aber diese wilden Zeiten sind vorbei. Weihnachtsfeiern von heute sind in den meisten Firmen langweilige Partys, auf denen jeder jeden beobachtet und nur darauf lauert, dass sich eine Führungskraft länger als normal mit einer hübschen Auszubildenden befasst. Da geht nicht mehr viel. Trotzdem kommt es natürlich auch heute noch auf Weihnachtsfeiern zu schnellen sexuellen Kontakten. Umfragen zufolge hatte aber nur jeder 17. Arbeitnehmer schon einmal derartige freudige Spontan-Erlebnisse; allerdings hat jeder zweite Arbeitnehmer schon mal davon gehört, dass es in seiner Firma auf einer Weihnachtsfeier passiert sein soll. Es ist halt auch viel Übertreibung dabei.

58 | TREIBT'S MEIN KOLLEGE AUF DEM KOPIERER?

Die Geschichten über Sex am Arbeitsplatz sind wie Fußpilz: Hartnäckig und lästig. Während Fußpilz aber tatsächlich passiert, sind die Sex-Geschichten über Kollegen oftmals dramatisch übertrieben. Nicht einmal die Hälfte der deutschen Arbeitnehmer, die angeblich was mit einer Kollegin haben sollen, sind wirklich mit ihr intim. Das ergeben viele Umfragen, z.B. diese: 78 Prozent aller Deutschen lehnen Sex am Arbeitsplatz grundsätzlich ab. Nur 15 Prozent gestehen eine Liebesbeziehung im Job. Verschwindende 9 Prozent der Männer hatten schon mal was mit ihrer Chefin, nur 6 Prozent der Frauen waren mit ihrem Chef intim.[*] Diese Zahlen mögen Ihnen verdächtig niedrig erscheinen, wenn Sie mal so an Ihre Firma denken: Aber sind Sie wirklich sicher, dass die ganzen »verbrieften« Geschichten aus »total sicherer Quelle« wirklich stimmen?

Offenbar ist es so, dass über die tatsächlichen und allseits bekannten Liebesbeziehungen in der Firma die ganze Belegschaft redet, so dass die »gefühlte« Zahl der Beziehungen viel höher ist als die reale. Hierfür ein Beispiel. In einem größeren süddeutschen Reifenhandel gibt es nachweislich drei Liebesbeziehungen unter 78 Angestellten; ferner gab es in den letzten fünf Jahren mindestens 12, maximal jedoch 15 kurzfristige Sex-Beziehungen.[**] Eine eher geringfügige Quote. Hört man sich in der Firma jedoch um, so hatte dem Anschein nach fast jeder zweite männliche Mitarbeiter schon mal was mit einer Kollegin. Übertrieben, noch übertriebener – und am übertriebensten ist immer der Firmenklatsch!

Andererseits: Die Sache mit schnellem Sex auf dem Kopierer hat offenbar einen Wahrheitsgehalt. Dirk K. (37) arbeitet als Kundendienstmitarbeiter für einen großen Kopierer-Hersteller und hat festgestellt, dass »gut 20 Prozent der Reklamationen eingerissene bzw. sonst beschädigte Scharniere an den Abdeckungsplatten« betreffen, »was technisch ungewöhnlich ist«, sagt er nachdenklich: »Die

---

[*] Umfrage der Zeitschrift »Lisa«
[**] Angaben basieren auf Aussagen der betroffenen Mitarbeiter

Scharniere gehen nicht kaputt, wenn man den Kopierer lediglich auf- und zuklappt. Wenn man ihn aber einer extremen Belastung aussetzt, sich also z.B. draufsetzt und dabei rhythmische Bewegungen ausführt, dann kann das eine erhebliche Materialermüdung zur Folge haben.« Bedeutet: Jeder fünfte Kopierer, den Dirk K. reparieren muss, ist durch die schnelle Nummer zwischendurch erheblich in Mitleidenschaft gezogen worden!

In vielen Firmen kursieren Fotokopien mit dem Abdruck eines nackten Gesäßes, das von schadenfrohen Kollegen prompt einer bestimmten Mitarbeiterin zugeordnet wird. Dieser angebliche »Beweis« für sexuelle Aktivitäten der Kollegin auf dem Fotokopierer gehört jedoch ins Reich der Fantasie, wie einem bereits der gesunde Menschenverstand sagen müsste: Wenn schon Sex auf dem Fotokopierer, wieso dann mit geöffneter Klappe? Und warum gehört zu wirklich jeder dieser Geschichten, dass sie beim Abstützen »zufällig« mit der Hand auf die Copy-Taste gedrückt haben soll? Und warum hat sie die Kopie in keiner dieser Geschichten hinterher an sich genommen, sondern warum lässt sie die Kopie immer im Ausgabefach liegen? Wer Sex auf dem Kopierer macht, mag intellektuell nicht gerade zur Elite gehören, aber sooo doof ...?

Wenn es jedoch um hübsche Geschichten aus dem zwischenmenschlichen Bereich geht, setzt bei den meisten Kollegen der gesunde Menschenverstand aus. Die Geschichten, die so kursieren, sind doch gar zu schön. Wen interessiert es, dass genau dieselbe Geschichte auch bei der Konkurrenz herumerzählt wird, nur mit anderen handelnden Personen? Und wer will diese herrlichen Geschichten schon mit derart kleinlichen Gegenargumenten zerstören?

59 | DENKT MEIN KOLLEGE STÄNDIG AN SEX?

Ja. Und Ihre Kollegin hat sogar schon auf dem Weg zur Arbeit an Sex gedacht; je länger die Anfahrt, desto heftiger waren ihre Sexfantasien. Aber der Reihe nach. Zunächst einmal denken Männer im Schnitt alle vier Minuten an Sex. Mal heftiger, mal dezenter. Das ist wissenschaftlich erwiesen und gilt für die Freizeit im Bastelkeller ebenso wie für das Meeting im feinen Konferenzraum oder für die Werkstatt oder für die Lagerhalle. Eine Zeit lang haben die Wissenschaftler geglaubt, dass diese Fixierung auf Sex Ausdruck einer permanenten Geilheit sei. Der Mann kann immer, also denkt der Mann immer daran – so glaubte man in den 70er Jahren.

Heute weiß man, dass das Gegenteil der Fall ist. Weil Männer ständig Angst haben, im Bett zu versagen, denken sie permanent an Sex. Sie leiden unter der fixen Idee, dass ihr »bester Freund« sie eines Tages im Stich lassen könnte. Und deshalb vergewissern sie sich alle vier Minuten seiner Existenz. Als Frau könnten Sie also Ihrem männlichen Kollegen mit vollem Recht alle vier Minuten die Frage stellen: »Na – haben Sie etwa schon wieder Angst, dass Sie keinen hochkriegen?« Aber das verbietet sich natürlich von selbst.

Auf dem Weg zur Arbeit denken Frauen fast doppelt so häufig an Sex wie Männer. Eine Umfrage unter 1100 Pendlern in England ergab: 42 Prozent der Frauen haben in der Bahn oder im Bus heiße Sexfantasien – aber nur 22 Prozent der Männer. Diese weiblichen Sexträume seien »eine Flucht vor dem Stress des Tages; sie senken die Anspannung«, so wird die britische Wissenschaftlerin Dr. Gloria G. Brame zitiert. Na, schau mal einer an. Da könnte man als Mann doch glatt mal fragen: »Sagen Sie, liebe Kollegin: Wissen Sie eigentlich noch, woran Sie heute Morgen in der U-Bahn gedacht haben …?« Und wenn sie dann rot wird, dann weiß man Bescheid. Eine Klasse-Idee, oder?

60 | WAS TREIBEN DIE KOLLEGEN AUF DIENSTREISE?

Pauschal kann man das nicht beantworten, weil man doch vielen Unrecht tun würde. Ja, es gibt sie: die braven Jungs, die abends allenfalls noch mal kurz an der Currywurstbude stehen und danach, über die hohen Preise der Minibar seufzend, lieber gleich ins Bett gehen. Natürlich nicht, ohne die Liebste daheim vorher noch mal angerufen zu haben, aber natürlich nur kurz: »Die nehmen hier ein Vermögen pro Einheit!« Und, ja, es gibt sie: die karrierebewusste Businessfrau, die im Hotelzimmer sofort ihren Laptop aufklappt und erst danach ihre Klamotten in den Schrank hängt, um dann bis zum Einschlafen über dem Referat von morgen zu brüten. Also: Nicht jeder geht auf Dienstreise fremd, nicht jeder betrinkt sich und landet halb besinnungslos im Bordell. Viel problematischer als eine Dienstreise ist sowieso die Verlegung einer ganzen Firma in eine andere Stadt; er oder sie muss mit und sie oder er bleibt fürs Erste zu Hause. Das ist nun tatsächlich eine höchst gefährliche Situation, wie uns eigentlich alle davon betroffenen Interviewpartner bestätigten. Plötzlich fehlt die Familie, die einen bisher aufgefangen hat und von allerlei Untaten erfolgreich abhielt. Plötzlich ist die Firma der Familienersatz. Man kennt keinen in der neuen Stadt außer den Kollegen, die kennen hier auch keinen, also tut man sich zusammen und geht auf die Piste. Gar nicht mal, um fremdzugehen! Nur um mal unter Leuten zu sein, die nicht aus der eigenen Branche kommen.

Am gefährlichsten ist Berlin. Immer mehr Firmen verlegen ihren Sitz dorthin. Hier tobt das Leben, hier werden die Kontakte gemacht, hier ist man mittendrin. Verständlich und nachvollziehbar ist das durchaus: Würden Sie Ihre Firma, zum Beispiel eine Werbeagentur, in der Provinz lassen – wenn die Konkurrenz Ihnen in Berlin die fettesten Aufträge vor Ort und vor der Nase wegschnappt? Aber Berlin ist nicht nur die Hauptstadt und schon deshalb ganz zweifellos die zur Zeit spannendste Stadt im ganzen Land – Berlin ist auch die Stadt, in der die meisten Ehen vernichtet werden.

Berlin ist anders. Berlin ist Kokain. Berlin ist wild, prall, versoffen, verschwiegen, verträumt, versaut und vor allem: In Berlin gibt

es Groupies für jede Branche, ob Politik oder Dachdeckerei. Nehmen wir mal an, Sie leben in Lehrte bei Hannover oder in Northeim bei Göttingen. Da ist es abends still, und Ihr Mann ist daheim. Jetzt muss oder will er nach Berlin, weil dort das Business tobt. Er ist wirklich nett, wirklich treu, wirklich zuverlässig und wirklich ein ganz, ganz Lieber. Er reibt sich für die Firma auf und kommt erst spät aus dem Büro. In Lehrte oder Northeim sind dann schon die Lichter aus, und die Menschen schlafen. Deshalb kam er immer brav nach Hause. Wohin sollte er sonst auch gehen?

In Berlin aber, da geht es jetzt erst richtig los! Er geht durch Straßen mit Bars, wo die Gäste in Dreierreihen am Tresen stehen. Er denkt: Nur einen Absacker noch, um runterzukommen. Er geht rein. Da sitzen Frauen, so was hat er noch nie gesehen. Alle sind gut drauf, alle sind irgendwie high, oder sie wirken jedenfalls so. Er nimmt einen Drink, man ist hier nicht zimperlich, man kommt sehr gern und sehr leicht ins Gespräch, und schon hat er die drallste Blondine der Welt im Arm. Glauben Sie dem Ergebnis von vielen Berlin-Interviews, die für dieses Buch geführt wurden: Hier bleibt Ihr Mann nicht lange allein. Berlin ist die Fremdgeh-Hauptstadt Deutschlands.

Und dem ist nichts entgegenzusetzen. Sie erzählen im allabendlichen Telefonat von der 5, die Ihr Sohn in Mathe geschrieben hat, und in Gedanken ist Ihr Liebster schon wieder in jener unglaublichen Bar. Das geht nicht lange gut! Das riecht nach Verdruss. Männer sind halt Männer, und einer Versuchung wie Berlin sind die meisten nicht gewachsen. Also gehen Sie entweder sofort mit oder Sie legen sich ein sehr, sehr dickes Fell zu. Paris, London, Moskau und Berlin sind zur Zeit die Städte mit den höchsten Risiken für Ehen (was Politiker angeht, so kommt noch Brüssel hinzu). Da kann nicht einmal New York mithalten. Die Stadt ist zu anonym. Europa ist heimeliger. Und deshalb gefährlicher.

Es hat noch kein Doktorand seine Dissertation übers Sexy-Berlin geschrieben, aber Zahlen gibt es trotzdem.[*] Untersucht wurde nämlich, in welchem Berliner Stadtteil das Fremdgeh-Risiko am höchsten ist. Demnach leben die sexgeilsten Berliner in Mitte (Regierungsviertel!) und in Neukölln. Den meisten Sex am Arbeitsplatz gibt es

---

[*] *Quelle: BZ*

in Steglitz-Zehlendorf und in Reinickendorf, am saubersten sind die Firmen in Pankow. Wenn Ihr Liebster also nach Berlin muss: Fragen Sie genau nach dem Stadtteil! Pankow wäre ja vielleicht noch okay …

Was ausgesprochen häufig berichtet wird: Speziell in Berlin angeln sich ganz junge Frauen sehr, sehr gern erfolgreiche ältere männliche Kollegen. Na gut, werden Sie jetzt vielleicht sagen, solche Hühner gibt es doch in jeder Stadt! Aber es gibt einen kleinen, feinen Unterschied: Berlin zieht karrieregeile junge Frauen an wie der Honig die Fliegen. Es gibt dort einfach mehr davon, als Sie ahnen. Und mindestens eine davon wird auch Ihren Mann attraktiv genug finden. Aber wollten Sie das alles wirklich so genau wissen?

61 | HAT ES MEINE KOLLEGIN LEICHTER, WEIL SIE HÜBSCHER IST?

Nein! Die Zeiten sind vorbei. Wenn es sie überhaupt jemals gegeben hat. Zwar werden hübsche Kolleginnen öfter in der Firma angebaggert als nicht so hübsche, aber heute geht es durchgängig in allen Branchen mehr um schöne Bilanzen als um schöne Beine. Viele erfolgreiche Frauen, mit denen wir gesprochen haben, waren alles andere als attraktiv und noch nicht einmal besonders nett angezogen. Sie hatten trotzdem Karriere gemacht, weil sie einfach gute Leistung brachten. Viele schöne Frauen würden sogar was darum geben, wenn sie nicht so attraktiv wären: »Ich verfluche es manchmal, wie ich aussehe«, sagt Anja K. (34), die als Controllerin in einem Margarinekonzern arbeitet und zweifellos eine besonders schöne Frau ist: »Schon dreimal sind andere an mir vorbeigezogen, und ich weiß genau, warum. Weil meinen Chefs, wenn sie mich vorschlagen, sofort private Motive unterstellt werden nach dem Motto: Der hat was mit der und darum schlägt er sie vor. Das ist pervers? Ja. Aber so läuft das in großen Firmen. Ich hab noch nie was mit einem Vorgesetzten angefangen, jedenfalls nicht in den letzten fünf Jahren. Aber ich komme einfach nicht voran in diesem Sch...laden, weil ich ganz nett aussehe.«

Ob es nun wirklich an ihrem äußeren Erscheinungsbild liegt, ist schwer zu beurteilen. Tatsache ist aber, dass attraktive Kolleginnen besonders heftig gegen Klatsch und Tratsch in der Firma, gegen üble Gerüchte und Verleumdungen und gegen die Pauschalvermutung zu kämpfen haben, sie hätten sich hochgeschlafen. Sie müssen deshalb nicht nur besser als ihre männlichen Kollegen sein, sondern auch noch besser als ihre weniger attraktiven und vielleicht ebenso qualifizierten Mitbewerberinnen, die sich ganz ohne störende Nebengeräusche auf ihre Karriere konzentrieren können, weil ihnen niemand etwas unterstellt. Trotzdem arbeitet jeder Mann lieber mit einer attraktiven Kollegin zusammen als mit einer unscheinbaren – egal, was er sagt. Aber leichter hat es die hübsche Kollegin garantiert nicht.

Oftmals kriegen wir gar nicht mit, welche Liebesbande da klammheimlich in der Firma geknüpft werden. Weil wir, also die Guten, uns hauptsächlich um den Job kümmern und deshalb für das Gequatsche auf den Fluren gar kein Ohr haben. Aber natürlich wären wir gern genauso gut informiert wie die Berufs-Klatschtante, die es in jeder Firma gibt und die ihr Gehalt ausschließlich mit dem Verbreiten von Gerüchten verdient. Deshalb haben wir 100 Leute aus den verschiedensten Berufen gefragt: »Wie sind Sie erstmals darauf gestoßen, dass die Kollegin X etwas mit dem Kollegen Y hat?« Hier die häufigsten Antworten, die eine hilfreiche »Hitliste der Kollegen-Liebes-Spionage«* ergeben:

- Platz 10: »Ich habe heimlich den Mail-Ordner der Kollegin gefilzt.«
- Platz 9: »Hausinterne Telefonate mit Rufnummer und Uhrzeit notiert.«
- Platz 8: »Die haben sich immer in der Kantine an denselben Tisch gesetzt.«
- Platz 7: »Er hat sie auf Meetings ständig in Schutz genommen.«
- Platz 6: »Zufällig erwischt, z.B. beim Knutschen im Lager.«
- Platz 5: »Bei Firmenfesten haben sie ständig Blicke gewechselt.«
- Platz 4: »Die Frau von dem Kollegen ist in die Firma geplatzt und hat eine Riesenszene gemacht.«
- Platz 3: »Sie sind sich derart auffallend aus dem Weg gegangen, dass man es einfach merken musste.«
- Platz 2: »Sie sind privat nur noch gemeinsam aufgetaucht, z.B. wenn wir im Kollegenkreis noch einen trinken, im Kino oder auf dem Weihnachtsmarkt gewesen sind.«
- Und auf Platz 1, das sollte zu denken geben: »Einer von beiden hat es unter dem Siegel der tiefsten Verschwiegenheit einem an-

---

* Viele Erzählungen ähnelten sich und wurden zu einem der 10 Punkte auf dieser »Hitliste« zusammengefasst.

deren Kollegen erzählt, von dem er glaubte, dass er es für sich behält. Das war aber natürlich nicht so ...«

Wenn also am Anfang dieses Buches eindringlich davor gewarnt wurde, überhaupt jemandem in der Firma zu vertrauen*, dann haben wir hier doch einen schönen Beweis dafür.

---

*   *Siehe Vorwort, Kapitel 1, 3 usw.*

63 | IST MEIN KOLLEGE PERVERS?

Man müsste erst einmal klären, was Sie persönlich überhaupt für pervers halten. Tagsüber in der Firma den Sittenwächter spielen und nachts im Dark Room eines Swingerclubs anderen Leuten beim Sex zuschauen: Ist das pervers oder nur verlogen? Tagsüber den Macho in der Werkstatt geben und nachts in einer Schwulenkneipe anderen Männern auf den Arsch glotzen: Ist das pervers oder verständlich? Sich als 50-jähriger Fettsack im Chatroom als 17-jähriger Leistungssportler ausgeben, mit kleinen Mädchen flirten und sich dabei selbst befriedigen: Ist das pervers oder »nur« widerlich? Wenn Ihr eigener Chef mit seiner Frau im biederen Eck-Reihenhaus »Einbrecher vergewaltigt brave Hausfrau« spielt, wenn er also freiwillig durchs Schlafzimmerfenster in die eigene Wohnung einbricht, weil dieses Rollenspiel die Sex-Lust der beiden deutlich auffrischt:[*] Ist das pervers oder zum Wiehern komisch?

Pervers ist eine Frage des persönlichen Standpunktes, und deshalb ist die Frage nicht so leicht zu beantworten. Da aber ca. 20 Prozent der erwachsenen Bevölkerung irgendein erotisches Geheimnis mit sich herumtragen, können Sie getrost bei ca. jedem fünften Ihrer Kollegen davon ausgehen, dass er oder sie eine zumindest gewöhnungsbedürftige erotische Gewohnheit hat (die für den einen pervers ist, für den anderen jedoch vielleicht nur recht »speziell«). Sicher ist: Irgendwann kommt es raus. Nichts bleibt lange geheim. Die folgenden Risiken hat Ihr Kollege, und er weiß es genau: 1. Macht er etwas wirklich Strafbar-Perverses, verkehrt er z.B. regelmäßig auf Kinderpornoseiten, so wird irgendwann die Kripo in der Firma auftauchen und seinen Computer mitnehmen (siehe die gigantische bundesweite sog. »Kreditkarten-Razzia« 2007, die eine Menge Leute – zu Recht – den Arbeitsplatz gekostet hat). 2. Lebt er seine tatsächliche oder vermeintliche Perversität notgedrungen in der Öffentlichkeit aus, verkehrt er also z.B. in entsprechenden Lokalitäten oder kreist mit dem Auto in den einschlägigen Stadtvierteln, so wird

---

[*] *Alle Beispiele sind real, wurden uns also von Arbeitnehmern genauso zugetragen.*

er über kurz oder lang dort auf den einen oder anderen Kollegen treffen, der exakt derselben Leidenschaft frönt – und der schon einen Weg finden wird, diese erstaunliche Begegnung ohne Beschädigung der eigenen Person publik zu machen. Jeder hat Feinde! Und Kommissar Zufall ermittelt erstaunlich gründlich. 3. Ungewöhnlicher Sex findet meistens mit Beteiligung einer anderen Person statt. Fühlt sich diese Person eines Tages beleidigt, gekränkt, herabgesetzt, gequält oder sonstwie benachteiligt und verspürt sie den unbändigen Drang zu persönlicher Rache, so wird sie dort plaudern, wo sie am meisten Schaden anrichten kann. Und das ist nun mal (außer der Familie) die Firma. 4. Sexuelle Vorlieben, die von der gesellschaftlich akzeptierten Norm erheblich abweichen, beschäftigen den, der sie hat, nicht nur nach Feierabend. Sondern sie verfolgen ihn Tag und Nacht. Vergleichbar dem heimlichen Alkoholiker wird er es gar nicht schaffen, die acht oder mehr Stunden in der Firma ohne seine heimliche Sucht mit all den damit verbundenen Sehnsüchten, Entdeckungsängsten und Alpträumen, dem ewig schlechten Gewissen und der unersättlichen, quälenden Gier nach neuen Anreizen und Entspannungen durchzustehen. Es befindet sich also am Arbeitsplatz des »Perversen« – nennen wir ihn mal ganz pauschal so (die Relativiät dieses Begriffes wurde ja bereits erörtert) – garantiert der eine oder andere Hinweis auf seine Veranlagung. Das kann eine im Schreibtisch versteckte Pornoheftsammlung sein oder die Visitenkarte eines einschlägigen Etablissements. Schnüffler – und die gibt es in jeder Firma – ermitteln gern auf den zuletzt vom Computer des betreffenden Kollegen aufgerufenen Internetseiten, wenn der sich nach Feierabend abzumelden vergisst oder sein persönliches Passwort wegen Vergesslichkeit im Schreibtisch deponiert (sehr hohe Trefferquote!). 5. Die meisten sogenannten »Perversen« (Definition siehe oben) halten die Firma für einen Hort der Sicherheit, in dem sie vor Nachstellungen durch ihre eigenen Partner (Ehefrau usw.) sicher sind: Deshalb verstecken sie alles, was sie enttarnen könnte, am liebsten im Büro bzw. im Firmen-Spind. Bei den vertraulichen Recherchen zu diesem pikanten Thema wurden u.a. folgende Beispiele notiert:

A) Ein Abteilungsleiter wird fristlos gekündigt, weil er sich von Kunden hat schmieren lassen. Er muss seine Schlüssel abgeben und

sein Büro unter Aufsicht des Sicherheitsdienstes räumen, um danach die Firma sofort zu verlassen. In seinem persönlichen Aktenschrank finden sich Fesseln, Peitschen, Handschellen, Masken und Gummihandschuhe sowie mehrere seltsame Folterinstrumente, die eindeutig sexuellen Zwecken dienen.

B) Die sog. Liechtenstein-Affäre 2008 hat nicht nur den Finanzämtern einige Milliarden an nachzuzahlenden Steuergeldern beschert, sondern auch den in Sachen Kinderpornos ermittelnden Behörden interessante Erkenntnisse vermittelt, die von den Festplatten der bei den Razzien sichergestellten Computern stammen.

C) In vielen Firmen stehen die (verschlossenen) Minicontainer von Aktenvernichtungs-Unternehmen. Sie ähneln Mülltonnen, sind mit dicken Schlössern gesichert und werden regelmäßig abgeholt, um den Inhalt zu schreddern. Genau in diesen Minicontainern entsorgen viele »Perverse« (Definition siehe oben) die Beweise für ihre heimliche Leidenschaft: Würden Sie persönlich den Liebesbrief eines enttäuschten Strichers in den Firmen-Papierkorb werfen? Im Schredder scheint er sicher zu sein. Nur: Nicht unbedingt werden die Inhalte dieser hübschen Mülltonnen tatsächlich geschreddert. »Ich hatte so eine Tonne in meinem Büro, weil unser Unternehmen seinen Firmensitz verlagert hat und ich mich von einer Menge alter Akten trennen wollte«, erzählt der Personalchef eines großen deutschen Konzerns. »Der Schlitz in der Tonne war mir aber zu klein. Deshalb habe ich darauf bestanden, dass jemand von der Schredder-Firma kommt und die Tonne aufschließt, damit ich meinen Scheiß haufenweise hineinwerfen kann. Ich habe meinen Augen kaum getraut: Die Tonne war noch zu einem Viertel voll mit Altpapier vom Vormieter! Das hab ich nur mal flüchtig durchgeschaut und mache natürlich keinen Gebrauch davon. Aber es war schon hammerhart, was da alles vernichtet werden sollte.« Ist Ihr Kollege pervers? Warten Sie es doch einfach ab: Sie werden es mit hoher Wahrscheinlichkeit schon bald von selbst erfahren. So – oder so.

Davon können Sie getrost ausgehen. Wo sollen sie denn sonst die große Liebe treffen? Es wird ja immer schwerer, jemanden da draußen in der freien Wildbahn kennenzulernen! Die Städte sind anonym, in der Kneipe schaut man aneinander vorbei, zu Partys werden Singles nicht so oft eingeladen, und mit einschlägigen Foren im Internet machen die meisten Kollegen vorwiegend schlechte Erfahrungen. Bleibt die Firma als Kontaktbörse. Manchmal klappt's: »Ich wüsste gar nicht, wo ich meine Frau sonst hätte kennenlernen sollen, wenn nicht in der Firma«, sagt Jens M. (37), der in einem Callcenter in Dresden arbeitet: »Wir ackern hier so lange, dass man abends gar keine Lust mehr auf Action hat. Kneipen fallen also flach. Auf Partys stehe ich dumm rum, weil sonst nur Pärchen da sind. Und einfach eine Frau auf der Straße ansprechen, das liegt mir nicht so. Bleibt die Firma. Das ist doch ideal: Man kennt die Frau schon lange, man weiß, wie sie beruflich drauf ist, man kann sie in Ruhe beobachten und dann mal checken, ob da was laufen könnte. Drei meiner Kollegen haben es so wie ich gemacht und sich ihre Frauen hier im Betrieb ausgesucht. Obendrein hat man dann auch noch eine, die weiß, wovon man spricht, wenn man ein Problem im Job hat. Es ist wirklich ideal! Wir sind jetzt schon zwei Jahre verheiratet, und es läuft klasse.«

Die gute alte Warnung »Never fuck on the same Kostenstelle« hat trotzdem nichts von ihrer Bedeutung verloren. Es ist nämlich hochgefährlich, sich am Arbeitsplatz zu verlieben. Hier die Risiko-Hitliste: Man glaubt gar nicht, was für Fallen in der Firma lauern können …

Platz 5: Die Ex-Partner-Falle

»Ich fange nie wieder was mit einem Kollegen an. Habe immer nur in die Scheiße gegriffen. Fünfmal war ich verliebt, fünfmal ging es eine Weile gut, und fünfmal war irgendwann Schluss. Jetzt habe ich

fünf Ex-Männer in der Firma, die sich auch noch miteinander ange-freundet haben. Ich finde das zum Kotzen«, sagt Anja Z. (34, medi-zinisch-technische Angestellte in einem Pharmakonzern): »Abends in der Kneipe gegenüber von unserer Firma sitzen die zusammen und lästern über meine Qualitäten! Auch sexuell und so! Die tau-schen sich echt aus! Ich rate auf jeden Fall davon ab, sich in der Firma zu verlieben. Lieber bleibe ich mein Leben lang Single.«

Platz 4: Die Ehefrauen-Falle

»Ich wusste ja, dass mein Kollege verheiratet ist. Aber er hat immer gesagt, dass er sich für mich scheiden lässt«, so Katrin W. (42), die als Sekretärin in einem großen Architekturbüro arbeitete. »Irgend-wann hat seine Frau es rausgekriegt, und was hat sie gemacht? Un-seren Boss angerufen! Ihr Mann hat seinen Job behalten, und mir wurde gekündigt. Wegen Störung des Betriebsfriedens. Das war es echt nicht wert, denn im Bett war er eine Niete. Nur so rein und raus und keine Spur von Zärtlichkeit. Einen neuen Job kriege ich nicht, weil jeder Interessent meinen Ex-Boss anruft. Und der erzählt dann brühwarm, warum ich gefeuert worden bin.«

Platz 3: Die Intrigen-Falle

»Seit mein Chef und ich zusammen sind, bin ich bei den Kolleginnen unten durch. Die reden hinter meinem Rücken und mobben mich total«, klagt Verena P. (37), Einkäuferin in einem großen Versand-haus. »Wenn ich in einem Meeting etwas vorschlage und er findet das gut, dann heißt es gleich: Klar, die ficken ja auch miteinander. Wenn ich mal schlecht drauf bin und nicht die volle Leistung bringe, dann tuscheln sie hinter meinem Rücken: Die hat es wohl nicht mehr nötig zu arbeiten! Es ist die Hölle, hier zu arbeiten, und ich werde mir wohl einen neuen Job suchen müssen.«

Platz 2: Die Trennungs-Falle

»Vier Jahre war ich mit meinem Kollegen zusammen und es war eine wunderschöne Zeit, aber dann habe ich mich in jemanden anders verliebt und es war Schluss mit uns beiden«, berichtet Carlo T. (37, homosexueller Werbetexter). »Von mir aus hätten wir uns weiter gut verstehen können, aber er kommt damit einfach nicht klar. Er nutzt jede Gelegenheit, um mir zu schaden. Er löscht Dateien auf meinem Computer, filzt meinen Schreibtisch, kippt mir Abführmittel in den Kaffee – es gibt nichts, was er auslässt! Mit dem getrennten Partner weiterhin in einer Firma arbeiten zu müssen, ist echt die Hölle.«

Platz 1: Die Groupie-Falle

»Sie war Azubi bei uns, 1,80 m groß, blond, ein Traum«, schwärmt Sönke R. (52), Disponent in einer Hamburger Reederei. »Und es war wirklich die große Liebe – von meiner Seite aus. Mann, in meinem Alter noch mal so ein großes Ding erleben! Eine Traumfrau, 25 Jahre, zärtlich, süß und leidenschaftlich! Ich hab mich von meiner Frau getrennt und alles aufgegeben, wofür ich 30 Jahre gearbeitet hatte. Dann hat der Juniorchef von unserer Company das Mädel angebaggert, und sie hat mich über Nacht fallen lassen. Nur auf Karriere war sie aus. Die macht sie jetzt auch. Ich lebe nicht mehr in meinem Reihenhaus, sondern in einer Ein-Zimmer-Wohnung und habe meinen Mindestbehalt von ungefähr 900 Euro netto. Alles verzockt, nur weil ich auf so ein Groupie reingefallen bin. Jetzt rechne ich auch noch täglich damit, dass sie mich feuern. Ich bin ein armer, alter Idiot.«

65 | GEHT MEINE KOLLEGIN AUF DEN STRICH?

Manch einer kriegt das raus, weil er ganz harmlos durch ein Bordell schlendert, und da steht sie. Die Kollegin. Erstaunlich spärlich bekleidet. Irgendwie ganz anders als in der Firma. Träumt man, oder ist das real?

»Es war eine Geburtstagsfeier, danach sind wir alle noch auf den Kiez gezogen: einige aus der Buchhaltung, unser Abteilungsleiter, welche vom Vertrieb und dann noch die aus dem Lager. Wir hatten ganz schön viel getankt und sind dann noch durch einige schummrige Bars gezogen. Das Ende vom Lied war, dass ein paar von uns unbedingt noch in den Puff wollten. Na ja, ich bin halt mitgegangen. Wir sind im »Laufhaus« gelandet. Die ersten verschwanden schon in den Zimmern, und ich ging so die Flure entlang, wollte aber eigentlich gar nicht. Weil, ich bin ja glücklich verheiratet, und das Geld ist mir auch zu schade für so was. Also, ich geh so Richtung Bar, die im Erdgeschoss ist, und wie ich an den letzten Zimmern vorbeikomme, da denke ich: Die da vorn sieht aber echt so aus wie die XX vom Empfang, nur dass sie eben kaum was anhat! Ich komme näher, sie hatte gerade mit einem Freier verhandelt, dreht sich zu mir um und – es war die XX vom Empfang. Ich weiß nicht, wer sich mehr erschrocken hat: sie oder ich. Wir standen einfach nur da und haben uns gegenseitig angestarrt. Ehrlich gesagt, wurde ich in dem Moment total geil. Aber das geht doch nicht, oder? Ich sag »hallo« und gehe ganz cool weiter, aber sie zieht mich am Arm in ihr Zimmer und stottert so rum, ob das unter uns bleiben könnte und dass ich sie jetzt ja in der Hand habe und so. Ich sage: Bleibt unter uns. Aber besser ist, wenn du für heute Feierabend machst, denn hier sind noch sieben Kollegen im Haus inklusive der Chef. Dann haben wir eine geraucht und sie hat gesagt, dass ich gern ein anderes Mal wiederkommen kann und dann auch für null darf. Nur heute nicht, weil sie jetzt überhaupt nicht mehr gut drauf ist. Ich sage: Nee, lass mal, und dann bin ich gegangen. Ich schwöre, dass ich nie wieder da gewesen bin. Aber ich hab mich echt wie ein Gentleman gefühlt. Wenn ich jetzt in die Firma komme morgens, ist sie ganz normal, so

wie immer: Guten Morgen und hier ist Ihre Post, bitteschön, angenehmen Tag noch, da ist nichts, kein bisschen, kein Augenzwinkern oder so. Nur manchmal, aber ganz selten, denke ich daran zurück, wie sie da gestanden hat. Warum sie das macht, keine Ahnung, wegen Geld oder so? Was weiß ich, warum eine Frau auf den Strich geht.«

So weit die Schilderung von Alfons K. (53), einem kaufmännischen Angestellten aus einer bayerischen Firma. Der Vorfall liegt ca. zwei Jahre zurück, hat sich aber – so schwört er – nicht in der Firma herumgesprochen, weil er wirklich dichtgehalten hat. Damit allerdings wäre er in der Minderheit: Man kann davon ausgehen, dass fast jeder eine Begegnung wie diese irgendeinem vertrauenswürdigen Freund unter dem Siegel der tiefsten Verschwiegenheit eines Tages doch erzählt. Aber wie erkennt man Kolleginnen, die nebenbei im horizontalen Gewerbe arbeiten – wenn man halt neugierig ist und es unbedingt wissen möchte?

Lisa K. ist Altenpflegerin und zahlt die Schulden ihres Ex-Freundes ab, indem sie ab 18 Uhr in einer Modelwohnung Freier empfängt. Sie sagt: »Frauen, die tagsüber bürgerlich und nachts im Milieu arbeiten, die kann man eigentlich ganz leicht erkennen. Und zwar so:

1. Sie treffen sich nach Feierabend nie mit Kollegen und haben auch meistens nichts aus ihrer Freizeit zu erzählen. 2. Sehr oft fahren sie Autos, die etwas zu teuer aussehen. 3. Sie sind immer etwas müde und schminken die Ringe unter den Augen weg. 4. Privatgespräche führen sie in der Firma nur, wenn keiner zuhören kann, sonst unterbrechen sie das Gespräch. 5. Nach Feierabend fahren sie direkt zu Häusern, wo auf den Klingelschildern lauter weibliche Vornamen oder nur irgendwelche Nummern stehen.« So weit die brave Altenpflegerin, das Luder.

Also schauen Sie als Frau ruhig mal in den Rückspiegel, wenn Sie abends aus der Firma nach Hause fahren! Wenn Ihnen ein Kollege folgt, dann hat er einen pikanten Verdacht und möchte gern wissen, was auf Ihrem Klingelschild steht …

66 | UND WAS REDEN DIE ÜBER MEIN SEXUALLEBEN?

Heiko C. (49) war bis ca. 2004 leitender Angestellter in der Papier-industrie und ist seit etwa vier Jahren »aus dem Geschäft raus«, wie er uns in einer ausführlichen schriftlichen Dokumentation mit-teilte (zum persönlichen Interview war er nicht bereit). Er wurde kaltgestellt, sieht sich – womöglich mit Recht – als Intrigenopfer. Konkret ausgedrückt: Er ist das Opfer von übler Nachrede gewor-den. Heiko C. hat keine Kollegin vergewaltigt und keine Kinderpor-nos runtergeladen, er war noch nie in seinem Leben im Puff und ist auch sonst sexuell eher unauffällig. Allerdings gab es vor Jahren das Gerücht, dass er schwul sei. Zitieren wir sein Memorandum: »Da ich fachlich besser war als die meisten anderen Kollegen, konn-te man mir eigentlich nichts ankreiden. Aber ich hatte nun einmal das Image, privat mit Männern zu verkehren. Und genau da setzten meine Widersacher an. Sie setzten das Gerücht in die Welt, dass ich mit einem Stricher gesehen worden sei. Das war zwar, ich schwöre es, frei erfunden. Aber es passte zu dem Klischee, das ich in unserem Unternehmen hatte. Und es sprach sich recht schnell herum. Rück-blickend muss ich sagen, dass sich niemand gegen solche Gerüchte wehren kann. Alles, was man vielleicht sagt – also wenn man in die Offensive geht –, wird gegen einen verwendet. Wer sich wehrt, hat schon verloren. Wer sich nicht wehrt, der wird »schon seine Grün-de« dafür haben. Vor allem große Unternehmen sind da ziemlich gnadenlos. Offenbar genügt bereits ein unbewiesenes Gerücht, um Karrieren zu beenden. Ich bin zwar nicht gekündigt worden, da hat-te ich noch Glück, aber ich bin vom Karussell heruntergefallen und habe mich davon auch nie wieder erholen können. Niemals werde ich den Tag vergessen, an dem ich zum Vorstand berufen wurde und mit einem leichten Augenzwinkern ›zur Ordnung‹ gerufen wurde: Ich hätte schließlich Kontakt zu wichtigen Kunden, und diese Ge-rüchte seien nicht gut für die Firma. Woher man das wisse? Man habe ›so Quellen‹, die aber ›recht zuverlässig‹ seien. Mehr war nicht. Man hatte ein bewusst gestreutes Gerücht für bare Münze genom-men, und das war's für mich.«

Ob Heiko C. nun tatsächlich schwul ist und gelegentlich Kontakt zu Strichern hat, können wir nicht beurteilen. Es ist ja auch vollkommen unwichtig. Aber jeder – wirklich jeder – muss damit rechnen, dass wahre, halbwahre oder unwahre Gerüchte aus dem sexuellen Bereich seine Karriere blitzschnell beenden können.

Natürlich gilt das nicht nur für vermeintlich homosexuelle Männer. Sehr häufig leiden erfolgreiche Frauen darunter, dass sie von ihren männlichen Kollegen völlig grundlos »in die lesbische Ecke« gestellt werden – aus reinem Neid, weil viele Männer keine erfolgreichen Frauen neben oder sogar über sich akzeptieren können und zwanghaft versuchen, diese als »irgendwie anders« zu stigmatisieren.

Nun ist es heute natürlich nicht mehr karrierehinderlich, wenn man lesbisch veranlagt ist. Jedenfalls in den meisten Firmen, wobei gilt: Je größer die Firma, desto unwichtiger ist es. Aber einer Frau, die total hetero ist, wird der ihr vorauseilende Ruf, sie sei lesbisch, dennoch nicht so gut gefallen. Was soll sie machen? Ein Schild an die Bürotür kleben, auf dem steht: »ICH BIN NICHT LESBISCH«? Das würde ja auch wieder falsch verstanden.

Aber das Thema ist nicht zum Schmunzeln. Richtig schlimm wird es nämlich, wenn Ihnen übelwollende Kollegen – vielleicht nur in einem Nebensatz – wirklich kriminelle sexuelle Vorlieben aus heiterem Himmel einfach so andichten. Dagegen sind Sie nicht nur machtlos, sondern eigentlich sind Sie schon gefeuert oder anderweitig tot. Uns ist ein Fall bekannt, wo über einen vollkommen harmlosen Vater von drei Kindern in der Firma kolportiert wurde, er habe Kinderpornos auf seinen Rechner geladen. Dem Mann konnte keiner mehr helfen. Auch sein Anwalt nicht. Jetzt ist er Hartz IV. Und er kriegt niemals wieder einen Job.

7. TEIL:
DIE KOLLEGEN UND IHRE GEMEINHEITEN

67 | SIND ALLE KOLLEGEN SO FIES WIE MEINE?

Das können Sie mit diesem Blitztest leicht überprüfen. Die Basis sind mehrere hundert Interviews in den verschiedensten Branchen zum Thema »Die lieben Kollegen und ihre fiesen Sprüche«. Sie müssen lediglich die Frage beantworten: Könnte dieser Spruch auch von einem Kollegen aus meiner Firma stammen? Vielleicht stellen Sie dabei fest, dass Sie noch Glück haben und es in anderen Firmen noch fieser zugeht als in Ihrem Betrieb. Oder Sie stellen fest, dass Sie wirklich von lauter extrem fiesen Menschen umgeben sind. Also los! Danach wissen Sie mehr.

- Zu einer extrem fülligen Kollegin, beim Einsteigen in den Fahrstuhl: »Gleich piept's! Überlast!« (Ja, könnte aus meiner Firma stammen: 5 Punkte.)
- In einem Meeting, zu dem Kollegen Seidel: »Und jetzt noch einmal gaaanz langsam, damit auch Herr Seidel das mitkriegt ...« (Ja: 3 Pkt.)
- »Sie sehen aber gar nicht gut aus!« (Ja: 4 Pkt.)
- »Kannst ja nachher wieder zum Chef gehen und ihm das erzählen ...« (Ja: 6 Pkt.)
- Wenn ein Kollege ein fremdes Büro betritt: »Hier ist plötzlich so schlechte Luft, das hält man ja nicht aus ...« (Ja: 7 Pkt.)
- Wenn sich ein Kollege krank meldet: »Ich habe gestern auch gefeiert, aber ich bin da ...« (Ja: 5 Pkt.)
- Zu einer Kollegin, die zugenommen hat: »Sag mal, bist du schwanger ...?« (Ja: 6 Pkt.)
- Zu einem Kollegen, der einen offensichtlich neuen Anzug trägt: »Schick, man trägt jetzt wieder 50er-Jahre-Qualität ...« (Ja: 3 Pkt.)
- Nach dem Vortrag von Kollege Seidel in einem Meeting: »Vielen Dank an Herrn Seidel, aber jetzt wollen wir zur Sache kommen ...« (Ja: 6 Pkt.)
- Nach einem erfolgreichen Projekt, das Kollege Seidel verantwortet hat: »Schön, dass Herr Seidel auch mal einen richtigen Erfolg vorweisen kann ...« (Ja: 5 Pkt.)

Und hier die Auflösung! Sie haben (Ja bedeutete: Das könnte auch von einem Kollegen aus meiner Firma stammen)

- 0 bis 20 Punkte erzielt: Ihre Firma ist ein Paradies! Mobbing ist da ein Fremdwort, und Sie können sich glücklich schätzen. Kündigen Sie nie. Eine Firma, in der es weniger fiese Kollegen als in Ihrer gibt, werden Sie nicht finden.
- 21 bis 30 Punkte: Sie liegen so ungefähr im Schnitt. Bei Ihnen arbeiten sehr viele fiese Kollegen, aber das ist ganz normal. Werden Sie zum Haifisch, mobben Sie mit!
- 31 bis 40 Punkte: Ganz schön heftig, Ihre Firma! Der bundesdeutsche Arbeitnehmer-Durchschnitt hat nicht mit so vielen Problemen zu kämpfen wie Sie. Ihre Firma könnte ganz gut als Lehrbeispiel für ein Mobbing-Nest herhalten. Schauen Sie sich nach einem neuen Arbeitsplatz um.
- Über 40 Punkte: Das ist nicht mehr erträglich. Wahrscheinlich haben Sie schon längst körperliche Leiden, die auf psychische Ursachen zurückzuführen sind. Jeder Monat, den Sie in dieser Schlangengrube noch aushalten, gefährdet Ihre Gesundheit und verkürzt Ihre Lebenserwartung dramatisch. Fragen Sie Ihren Fachanwalt für Arbeitsrecht.

68 | WORAN MERKE ICH, DASS SIE MICH MOBBEN?

Es grüßt keiner mehr. Gespräche verstummen, wenn man reinkommt. Getuschel hinterm Rücken. Abgeschnitten vom Informationsnetz. Aus allen Verteilern raus. Büroschlüssel passt nicht mehr. Sachen verschwinden vom Schreibtisch. Kollegen mustern einen wortlos von oben bis unten. Computer stürzt ständig ab. Ausgeschlossen von Konferenzen. Keine Ahnung, dass Betriebsfest ist. Alle schauen einen an, wenn was schiefläuft.

Wenn man was sagt, gucken alle genervt zur Decke. Wenn man was sagt, fangen alle an zu lachen. Wenn man ein Referat halten soll, kommt keiner. Hausausweis lässt einen nicht mehr rein. Man kauft Kuchen zum eigenen Geburtstag und bleibt drauf sitzen. Kantine voll, nur man selbst hat einen Tisch für sich. Wenn man als Letzter in den Lift will, drückt jemand den »Tür zu«-Knopf und man muss draußenbleiben. Die Zimmerpflanze erkrankt und geht ein. Plötzlich allein im Zweierzimmer. Persönliches Fach im Kühlschrank der Etagenküche hat fremdes Vorhängeschloss. Bürostuhl verschwunden und gegen Schrott-Teil ausgetauscht. Spontan-Konferenz einberufen, man selbst wurde zufällig vergessen. Chef hält alle Vorschläge, die man macht, für Bullshit. Man macht einen Vorschlag, und die anderen gehen gar nicht darauf ein. Man meldet sich zu Wort und wird einfach übersehen.

Es ist, als wenn man eine Tarnkappe trägt. Chef sagt in großer Runde: »Wir wollen diese Konferenz verkleinern«, und dabei schaut er einem tief in die Augen. Alle wollen plötzlich sofort zurückhaben, was sie einem mal geliehen haben. Wenn man zur Arbeit kommt, gucken alle demonstrativ auf die Uhr. Wenn man telefoniert, machen sich alle Notizen. Buchhaltung ruft Leute an, die man im Firmenauftrag bewirtet hat. Gehaltsabrechnung stimmt zum wiederholten Mal nicht. Man kriegt ständig Gespräche von Spinnern durchgestellt, mit denen man nichts zu tun hat. Der eigene Name steht auf Beschwerdebriefen von Kunden, die man nie gesehen hat. Alle teilen sich eine BILD – wenn man selbst dran ist, fehlt der Sportteil. Der eigene Papierkorb ist schon morgens übervoll. Ständig fehlt Werk-

zeug. Betritt man den Fahrstuhl, steigen alle aus. Im Bus beim Betriebsausflug hat man eine Reihe für sich. Rollschrank von unterm Schreibtisch steht morgens vor der Bürotür, Zettel dran: »Bitte entsorgen!«. Bei Sammlungen für Geburtstagsgeschenke wird man gar nicht mehr gefragt. Alle Kunden-Mails landen im SPAM-Ordner. Keine Antwort, wenn man »Schönes Wochenende« wünscht. Wenn man Feierabend macht, atmen alle auf. Und nachts rufen Leute an und melden sich nicht, aber sie lachen.

Jetzt können Sie aus Ihrem Alptraum wieder erwachen, denn das alles ist ja nicht wirklich Ihnen selbst passiert. Es war nur eine über 40 Punkte umfassende Liste von Gemeinheiten, die gemobbte Kollegen am häufigsten genannt haben. Wenn Sie allerdings öfter als 23 Mal gerufen haben: Mensch, das ist mir doch auch schon mal passiert!, dann sollten Sie sich Gedanken machen: Ja – Sie werden gemobbt.

69 | WANN HÖREN DIE KOLLEGEN AUF, MICH ZU MOBBEN?

Erstens: wenn es langweilig wird. Zweitens: wenn es jemanden gibt in der Firma, der noch mehr der klassische Opfer-Typ ist als Sie. Drittens: wenn der Chef seine Sympathie für Sie entdeckt. Und viertens: wenn Sie selbst besser mobben, als Sie gemobbt werden.

Da Sie vermutlich relativ wenig zu den Punkten 1 bis 3 beitragen können, ist Punkt 4 für Sie der interessanteste. Vom Gemobbten müssten Sie zum Mobber werden. Das klingt fies, und es ist auch fies! Aber haben Sie denn schon vergessen, dass Sie in einem Haifischbecken tätig und von lauter Kretins umgeben sind? Dass in Ihrer Firma nicht die Leistung zählt, sondern die Intrige? Dass Sie, weil Sie ja zu den Guten zählen, ganz klar benachteiligt sind?

Natürlich wünschen wir alle uns die Realität ganz anders. Wir möchten, dass es gar kein Mobbing mehr gibt. Wir träumen davon, dass sich alle Menschen gut verstehen und gemeinsam zum Wohle der Firma tätig sind. Aber leider scheitern wir immer wieder daran, dass der Kollege an sich kein sehr nettes Wesen ist. Sondern er ist eine egoistische und gemeine, intrigante und hinterhältige Kreatur, verlogen und hochgefährlich. Eine Kakerlake mit Stachel. Mit einer Kakerlake zu diskutieren, macht relativ wenig Sinn. Man zertritt sie, wo immer man ihr begegnet. Also werden Sie zum Mobber! Und wenn Ihre zarte Seele das nicht akzeptiert, dann formulieren Sie es eben anders: Wehren Sie sich!

Um nicht mehr gemobbt zu werden, brauchen Sie zunächst einmal ein persönliches Netzwerk. Sie brauchen Kollegen, auf die Sie zählen können. Es ist völlig egal, wo Sie anfangen: Gehen Sie auf Kollegenfang, so wie ein Kommunalpolitiker an den Haustüren Stimmen sammelt! Vielleicht ist es der Bote in Ihrer Firma, mit dem Sie anfangen. Oder der Portier am Empfang. Total unwichtig in der Firmenhierarchie. Aber er kann Ihren Arsch retten, verdammt noch mal. Also reden Sie mit ihm! In welchem Stadtteil ist er groß geworden? Hat er ein Hobby? Familie? Was würde ihn freuen?

Sie waren bisher vielleicht etwas zu arrogant. Jetzt sind Sie am Arsch, denn Sie werden gemobbt. Also kommen Sie herunter von

Ihrem hohen Ross! »Die Wende zum Guten begann bei mir, als ich ein guter Kumpel von dem Typen an unserem Empfang wurde«, sagt der jahrelang gemobbte Margarinekonzern-Angestellte Ludwig B. (64). »Ich habe ihm mal ein altes Foto besorgt, das er für seine Familienchronik brauchte. Seitdem springt er jedes Mal auf, wenn ich in die Firma komme und schüttelt mir die Hand. Das hat mal ein Kollege gesehen und gesagt: Mich begrüßt der nie. Ich sage: Weil du ein Arsch bist. Der guckt mich an und schluckt. Ich hatte mich das erste Mal gewehrt! Es hat sich herumgesprochen, und plötzlich waren die Kollegen irgendwie netter zu mir. Heute habe ich ein richtiges Netzwerk. Hier trinke ich einen Kaffee, da tue ich jemandem einen Gefallen, dort bin ich charmant und natürlich mobbe ich auch Leute weg, die ich nicht leiden kann. Ja, ich bin wieder im Geschäft. Und begonnen hat es mit dem Typen vom Empfang damals. Dem bin ich echt dankbar ...«

70 | KLAUEN DIE MEINE IDEEN?

Natürlich. Und gnadenlos. Aber es läuft subtiler ab, als Sie sich das vielleicht vorstellen! *So* läuft es *nicht*: Sie haben einen Verbesserungsvorschlag. Weil Sie zwar kompetent sind, aber nicht allwissend, weihen Sie einen Kollegen ein und tragen ihm die Sache vor, damit er seinen Senf dazugibt. Erst dann wollen Sie mit Ihrem Vorschlag zum Chef. Der Kollege hört sich Ihren Vorschlag an, gibt seinen Senf dazu und kaum sind Sie aus dem Zimmer, ruft er schon den Chef an und verkauft ihm Ihre Idee als seine eigene. Wie gesagt: *So* läuft es *nicht*. Denn Sie könnten den Kollegen ja ganz leicht bloßstellen, indem Sie diese Geschichte in der Firma publik machen. Dann wäre der Kollege als Schleimer und Verräter entlarvt, und kein Mensch würde mit ihm jemals mehr eine gute Idee vertraulich besprechen.

Aber stellen Sie sich einmal vor, dass es in Ihrer Abteilung ein Kommunikationsproblem gibt. Sie kämpfen seit Monaten dafür, dass alle Kollegen den gleichen Sachstand haben und sich mit Hilfe des Mail-Verteilers gegenseitig informieren. Sie machen sogar eine Liste mit allen erdenklichen Fakten, die ab sofort zwingend kommuniziert werden müssen. Die Sache bewährt sich. Langsam wird es zur Gewohnheit, diesen Mail-Verteiler zu benutzen. Sie sind stolz und froh, dass die Kommunikation nun immer häufiger perfekt funktioniert. Jetzt müssen Sie damit rechnen, dass irgendein Wichtigtuer – wahrscheinlich sogar Ihr direkter Vorgesetzter – sich genau diese Feder an den eigenen Hut stecken möchte. Zu Ihrer großen Verwunderung werden Sie vielleicht eines Tages eine Mail erhalten, in der steht, dass man bitte künftig grundsätzlich den Mail-Verteiler benutzen möge, um sicherzustellen, dass alle Kollegen den gleichen Sachstand haben. Anbei finden Sie eine Liste mit allen erdenklichen Fakten, die kommuniziert werden müssen. Diese Liste kommt Ihnen irgendwie bekannt vor. Kein Wunder, denn es ist Ihre eigene. Eine Kopie dieser Mail liegt auf dem Schreibtisch vom Oberboss, der von Ihren guten Ideen gar nichts weiß. Den Dank heimst der Ideen-Dieb ein. Sie waren wieder einmal zu naiv.

Und wissen Sie auch, warum? Weil Sie zu tief stapeln! Weil Sie Ihre gute Idee nur im Kollegenkreis kommuniziert haben und dabei wieder einmal zu sehr im Hintergrund geblieben sind! Machen Sie künftig aus allem, was Sie tun, einen amtlichen Vorgang und einen Riesen-Bohau! Berufen Sie Meetings ein, lassen Sie alle antreten, halten Sie wegen jedem unwichtigen Scheiß einen megawichtigen Vortrag! Dann kann es gut sein, dass Ihre Ideen bei Ihnen bleiben und Sie nicht verlassen.

Gute Ideen sind selten; sie werden deshalb so leicht geklaut wie kräftige und gesunde Rinder damals im Wilden Westen. Nur wer ihnen frühzeitig das eigene Brandzeichen aufbrennt, wird sie vielleicht behalten. Sie aber lassen Ihre guten Ideen ohne Ihr eigenes Brandzeichen frei in der Steppe herumlaufen: Sind Sie wirklich so bescheuert? Der Ideen-Dieb lauert schon hinter dem nächsten Busch, und wahrscheinlich zielt er dabei mit seiner Flinte auf Sie.

Jeder Chef hat einen Chef, bis ganz oben rauf. Jeder will gut dastehen. Jeder will gute Ideen haben. Kaum einer hat sie. Man kann gute Ideen nicht mit einem Copyright versehen oder mit einem Titelschutz. Aber man kann sich, bitteschön, den Gepflogenheiten anpassen und die eigenen guten Ideen wenigstens anständig verkaufen.

Am leichtesten werden übrigens Ideen geklaut, die nur mal so dahingesagt worden sind. Heute gehört zu einer guten Idee ein Konzept, das natürlich wunderbar aufgemacht sein muss, das lauter Grafiken und Statistiken enthält und das gleich bis an die höchste Stelle in der Hierarchie durchgereicht wird. Ja, so können Sie Karriere machen! Wenn Sie immerzu an einem wichtigen Konzept arbeiten. Einfach nur eine gute Idee zu äußern ist gefährlich und leichtsinnig.

71 | WIE MERKE ICH, DASS ICH IN DER FIRMA »OUT« BIN?

Jedes Unwetter hat seine Vorboten: Bei drohendem Hagel fliegen die Mücken tief, demzufolge auch die Schwalben. Und die Möwen an der Nordsee sammeln sich bei einem bevorstehenden Sturm rechtzeitig hinterm Deich. In der Firma läuft es genauso ab wie im Tierreich. Das Ereignis ist noch gar nicht passiert, aber seine Vorboten bringen schon ihre Schäflein ins Trockene. Auch das Ende *Ihrer* Karriere wird viel früher eingeläutet, als Sie das normalerweise mitkriegen. Weil Sie ja zu den Guten gehören, die den ganzen Tag mit dem Wohle der Firma beschäftigt sind und gar keine Zeit haben, um auf solche kaum spürbaren Warnsignale zu achten! Und trotzdem sollten Sie ein Auge dafür haben. Denn nur wenn Sie rechtzeitig gewarnt sind, können Sie eventuell (!) noch Gegenmaßnahmen ergreifen.

»Unser Chef hat immer eine offene Tür. Dass ich mir plötzlich von seiner Sekretärin einen Termin geben lassen musste, das hätte *mein* Warnsignal sein müssen. Vier Wochen später fiel es mir wie Schuppen von den Augen. Jetzt bin ich arbeitslos.« (Marlies J., 43, Anlageberaterin) »Ich bin sieben Jahre lang zu spät zur Arbeit gekommen und es war immer okay, weil ich einfach besser bin als die anderen. Dass plötzlich alle demonstrativ auf die Uhr geguckt haben, als ich reinkam, das hätte *mein* Warnsignal sein müssen. Ich hab weiterhin gemacht, was ich wollte, aber wenig später kam die erste Abmahnung.« (Lars P., 52, Versicherungskaufmann) »Unser Chef hat mal wieder eine flammende Rede gehalten, dass hier zu viele Pfeifen arbeiten. Dabei hat er die ganze Zeit mich angeschaut. Das hätte *mein* Warnsignal sein müssen. Jetzt stellen sie fest, dass der Laden auch ohne mich läuft.« (Alfons B., 47, technischer Zeichner) »Eine kleine Bemerkung, so auf der Toilette am Pinkelbecken. Unser Betriebs-Schwätzer schaut zu mir rüber, sonst war keiner da, und er sagt: »Pass auf, nur mal als Tipp: Der XX (einer unserer Vize-Chefs), der redet schlecht über dich. Er fragt sich, was du eigentlich machst den ganzen Tag.« Ich mach den Reißverschluss hoch, sage okay und denke, quatsch mich nie wieder auf dem Scheißhaus an.

Aber … Das hätte *mein* Warnsignal sein müssen. Der Schwätzer hatte nämlich ausnahmsweise mal einen sozialen Tag und wollte mich wirklich ehrlich warnen. Jetzt hab ich die Scheiße am Hals und muss echt um meinen Job kämpfen.« (Carlos B., 49, Angestellter in einem Callcenter)

Seien Sie also auf der Hut, wenn die Betriebs-Mücken tief fliegen, wenn die Firmen-Schwalben ihnen folgen und wenn sich die Konzern-Möwen hinterm Deich versammeln. Dass Sie nicht gewarnt worden sind, können Sie jetzt nicht mehr zu Ihrer Entschuldigung vorbringen.

72 | WELCHE GERÜCHTE ÜBER MICH WÄREN DIE SCHLIMMSTEN?

Wir haben diese Frage 130 Arbeitnehmern beiderlei Geschlechts aus den verschiedensten Berufen vorgelegt* und daraus die folgende Hitliste der schlimmsten Gerüchte erarbeitet, in der sich Männer und Frauen nur in einem Punkt unterscheiden.

- Platz 10: »Wenn verbreitet wird, dass ich am Chef / an der Chefin rumgrabe.«
- Platz 9: »Wenn verbreitet wird, dass ich Opfer oder Täter häuslicher Gewalt bin.«
- Platz 8 (bei Männern, Platz 1 bei Frauen): »Wenn verbreitet wird, dass ich in einem Bordell gesehen worden bin«; und
- Platz 8 bei Frauen: »Wenn verbreitet wird, dass ich eine kosmetische OP hinter mir habe.«
- Platz 7: »Wenn verbreitet wird, dass ich die Firma wechsele und Insider-Informationen mitnehmen will.«
- Platz 6: »Wenn verbreitet wird, dass ich die Idee eines Kollegen als meine eigene ausgegeben habe.«
- Platz 5: »Wenn verbreitet wird, dass ich einen Kollegen beim Chef angeschwärzt habe.«
- Platz 4: »Wenn verbreitet wird, dass ich ein Spion vom Boss bin.«
- Platz 3: »Wenn verbreitet wird, dass ich Kinderpornos auf meinen Rechner lade.«
- Platz 2: »Wenn verbreitet wird, dass ich einen Kollegen bestohlen haben soll.«
- Platz 1 (bei Männern): »Wenn verbreitet wird, dass ich impotent sein soll.«

---

* »Nennen Sie ein Gerücht aus der Firma, das sich mit Ihnen beschäftigt und das Ihnen schaden könnte. Beginnen Sie den Satz mit »Wenn verbreitet wird ...«.

73 | WER SCHWÄRZT MICH BEIM BETRIEBSRAT AN?

Diese Frage sagt ja schon einiges aus. »Anschwärzen«. Dazu muss man erst mal eine Führungsposition haben, um »angeschwärzt« zu werden beim Betriebsrat. Dann muss man auch noch ein ziemliches Arschloch sein. Wahrscheinlich ein Menschenschinder. Also betrifft die Frage uns, die Guten, gar nicht unmittelbar. Wir haben weder einen Führungsjob, noch sind wir Arschlöcher. Trotzdem gibt es viele Menschen, die diese Frage interessiert. Was muss man also tun, um beim Betriebsrat angeschwärzt zu werden, und was für Kollegen kommen auf diese seltsame Idee?

Der Betriebsrat ist ja kein Kummerkasten, kein Dr. Sommer und kein Hausarzt, der sich mit den Wehwehchen von jedem Idioten befassen muss. Der Betriebsrat ist auch kein Priester, der sich im Beichtstuhl alles anhören muss. Sondern der Betriebsrat hat die Aufgabe, Willkür auf Arbeitgeberseite zu verhindern.

Wenn z.B. Ihre Company plötzlich zum Wohle der Aktienbesitzer auf die Idee kommt, tausend Arbeitsplätze nach Tschechien zu verlagern, dann kann ein Betriebsrat durchaus nützlich sein. Der sorgt dann dafür, dass dies nicht so einfach geht. Sondern man muss ja auch an die vielen Leute denken, die vielleicht gar nicht so gerne auf tschechischem Lohnniveau in irgendeiner Werkshalle auf der grünen Wiese arbeiten möchten und auch keinen Anlass sehen, die Firma plötzlich notgedrungen zu verlassen. Der Betriebsrat hat also durchaus eine Daseinsberechtigung.

Aber im Einzelfall? Sie haben ein Problem mit einem Mitarbeiter, und der geht zum Betriebsrat? *Who the fuck* wird das wohl sein? Klare Antwort: Zum Betriebsrat gehen die Luschen, die Schlechten, die Versager, die Faulen, die Ökos, die Latschen-Träger, die Unfähigen, die Besserwisser, die Oberlehrer, die Auf-lau-Macher, die Kaputten, die Enttäuschten, die Kopf-Amputierten, die Verpisser, die Alkis, die militanten Nichtraucher, die Weltverbesserer, die Frauenrechtlerinnen, die Frustrierten, die Im-Dienst-Einschlafer, die Prinzipienreiter, die Egozentriker und die Psychopathen. Jeder einigermaßen fähige Kollege wird in der Lage sein, ein Problem, das er

mit Ihnen hat, selbst auszudiskutieren und durchzustehen. Auf dem harten Besucherstuhl im karg möblierten Büro des wichtig dreinschauenden Betriebsrates mit der kümmerlichen Zimmerpflanze in der Ecke und dem bemitleidenswert schlecht gestalteten Monatskalender an der Wand neben dem lange nicht geputzten Fenster, durch das keine Sonne freiwillig hereinscheinen mag, auf diesem harten Besucherstuhl also sitzt in der Regel der menschliche Ausschuss. Wenn diese Einschätzung, die das Ergebnis von vielen Interviews mit Arbeitnehmern widerspiegelt, Anlass zu Diskussionen gibt – gerne! Die meisten Arbeitnehmer vertreten jedenfalls den Standpunkt: Wer zum Betriebsrat geht, weil er ein Problem hat, der hat kein Problem. Der *ist* das Problem.

74 | FILZT JEMAND MEINEN SCHREIBTISCH?

Eine Firma ist keine weichgespülte Therapiegruppe für gewaltloses Töpfern, sondern der Kriegsschauplatz in der Schlacht von psychisch Gestörten gegen die Guten, also gegen uns. Es gibt deshalb keine Gemeinheit, die Sie gänzlich ausschließen können. Die Antwort heißt also »Ja«: Sie müssen damit rechnen, dass jemand während Ihrer Abwesenheit Ihren Schreibtisch filzt. »Ich hatte den Verdacht schon lange. Irgendwie lag alles nicht mehr so in den Schubladen, wie ich es in Erinnerung hatte«, sagt Jens B. (46), kaufmännischer Angestellter in einem Hamburger Lebensmittelkonzern: »Vor allem der Prospekt von Märklin – also Modellbahnen sind mein Hobby, muss man dazu wissen –, der lag doch immer in der dritten Schublade von oben ganz vorn, und plötzlich war er nach hinten verschoben. Da wurde ich zum ersten Mal stutzig. Ich habe meiner Frau dann ein Haar ausgerissen, das hatte ich mal in einem Film gesehen, also meine Frau hat sehr lange Haare, und das Haar habe ich dann eine Zeit lang immer vor Feierabend mit Tesa über meine Schubladen geklebt, so von oben nach unten. Dann war das Haar abgerissen und ich wusste, dass jemand an meinem Schreibtisch gewesen war. Aber warum? Und was konnte der oder die gesucht haben? Ich hatte mir niemals etwas zuschulden kommen lassen und hatte echt ein reines Gewissen. Wer war das?«

Jens B. hat seinen Job heute nicht mehr. Er wurde kurz vor Erscheinen dieses Buches gefeuert. Die Gründe sind widersprüchlich und nicht vollständig aufgeklärt: Er selbst bezeichnet sich als Opfer einer Intrige; seine Kollegen hingegen erzählen von seltsamen Nebenbei-Geschäften, ja sogar von Betriebsspionage, von Korruption und von allzu großer Nähe zu einem Konkurrenzunternehmen. Wie auch immer: Keiner aus seiner Abteilung mag ausschließen, dass sich jemand heimlich – ob nun im Auftrag der Geschäftsleitung oder aus »kollegialem« Interesse – an seinem Schreibtisch zu schaffen gemacht hat. Angeblich hatte B. allerlei belastende Dokumente, Verträge, ausgedruckte E-Mails und Notizen genau dort zwischengelagert, wo sie niemals sein sollten: in seinem eigenen Firmenschreibtisch.

Im heutigen Zeitalter der E-Mails hat der Schreibtisch aber seine Funktion als Lagerplatz für vertrauliche Dokumente weitgehend verloren. Die Festplatte des Firmencomputers ist für Spione – in wessen Auftrag auch immer – viel interessanter und ergiebiger als der Inhalt von Schubladen, die mit Privatkram vollgemüllt sind. Vor allem in großen Konzernen kann man ziemlich sicher sein, dass zumindest theoretisch die Möglichkeit zum Mitlesen und zur Rekonstruktion von Mail-Dialogen und von Seitenaufrufen im Netz besteht – und auch genutzt wird, wenn ein konkreter Anfangsverdacht besteht. Wie läuft so etwas ab?

Karl-Peter M. (37) ist Geschäftsführer einer Detektei, die auf die Abwehr von Betriebsspionage und die Aufklärung von Diebstählen innerhalb der Belegschaft eines Unternehmens spezialisiert ist. »Die Firmen machen sich doch nicht selbst die Hände schmutzig, wenn es ein Problem gibt«, sagt er. »Die schalten Externe ein. Detektive so wie uns, die keinem Betriebsrat Auskunft geben müssen und die sich zur Not auch mal über Gesetze hinwegsetzen. Wenn es dann Ärger gibt, wissen die Chefs natürlich von nichts, kündigen unsere Verträge und suchen sich eine neue Detektei. So einfach geht das. Ich habe in meinem Leben schon so viele Schreibtische und Festplatten gefilzt, das glauben Sie gar nicht. Nichts davon war legal. Ich war schon Reinigungskraft, Fensterputzer, Nachtportier – einfach alles. Natürlich zur Tarnung. Und ich staune immer noch, wie blöd die Leute sind. Dass sie ihre Bewerbungen bei der Konkurrenz im eigenen Firmenschreibtisch aufbewahren, das ist ja noch harmlos! Ich habe in Computern und Schreibtischen schon alles gefunden. Von aufgerufenen Kinderpornoseiten der schlimmsten Art über Protokolle, mit denen Kollegen abgesägt werden sollten, bis hin zu detaillierten Plänen von Konstruktionen, die streng geheim waren. Samt Anschreiben an die Konkurrenz, Summen, die fließen sollten, und Gedächtnisprotokolle von vertraulichen Besprechungen mit Leuten, die das Material kaufen wollten. Einer wollte etwas nach Russland verkaufen. Er war so schlau, nichts in der Firma liegen zu lassen. Nur eine Rechnung von einer Übersetzerin. Die hatte alles ins Russische übersetzen müssen, und über die sind wir ihm auf die Schliche gekommen.«

75 | HÖRT MICH JEMAND AB?

Schlimmer noch! Sie müssen nicht nur damit rechnen, dass ein gestörter Kollege in Ihrem Büro ein Mikrofon versteckt und im Nebenzimmer Ihre Gespräche belauscht – sondern Sie müssen auch damit rechnen, dass Ihr Chef das tut. Dazu noch diverse Kameras aufbaut, Ihre E-Mails liest, Ihre aufgerufenen Internetseiten checkt und sogar einen Chip in Ihre Dienstkleidung einnähen lässt, die ihm ein hundertprozentiges Bewegungsprotokoll liefert. Er weiß dann, wann Sie z.B. in den Pausenraum oder auf die Toilette gehen – und kann sogar feststellen, ob Sie sich hinterher die Hände gewaschen haben.

Was wie eine schlechte Kopie von Orwells »1984« klingt, ist im Zeitalter der Totalüberwachung längst keine Utopie mehr. Als der STERN im Frühling 2008 von der sogenannten »Lidl-Affäre« berichtete (dort hatten sich Privatdetektive – ob mit oder ohne Wissen ihrer Auftraggeber – recht intensiv für das Privatleben der Angestellten interessiert), glaubte Deutschland zunächst an einen Einzelfall. Später stellte sich jedoch heraus, dass die Bespitzelung von Mitarbeitern zumindest in Supermärkten offenbar gängige Praxis ist. Immer mehr Informanten wandten sich an die Redaktion der Illustrierten, die genüsslich ein Bespitzelungs-Protokoll nach dem anderen veröffentlichte.[*] Demnach sollte jeder Arbeitnehmer damit rechnen, am Arbeitsplatz auf die eine oder andere Weise abgehört, gefilmt, per Chip kontrolliert oder sonstwie bespitzelt zu werden. Und die Sache mit dem Händewaschen auf der Toilette ist z.B. in den USA bereits Usus: Ein Chip in der Firmenkleidung signalisiert den Besuch auf der Toilette. Ein »Partner-Chip« am Waschbecken oder im Händetrockner protokolliert, ob man diese unmittelbar danach kontaktiert hat. Die Software »Orvell Monitoring«, die jeden Tastendruck am Firmencomputer protokolliert, soll laut STERN in Deutschland bereits über 100 000 mal verkauft worden sein – vermutlich nicht an missgünstige Kollegen, sondern an die oder im Auftrag der Firmenleitung.

---

[*] STERN Nr. 17/2008

»Schlimm genug, dass viele Firmen ihre Mitarbeiter am Gesetz vorbei kontrollieren. Aber wenn Kollegen unter sich so etwas machen, finde ich es noch viel schlimmer. Genau das ist in meiner früheren Firma passiert«, erinnert sich Eduard I. (54), Ex-Mitarbeiter eines Pharma-Großhandels. »Bei uns fand Mitte der 90er Jahre ein Generationswechsel statt. Immer mehr ganz junge Leute wurden eingestellt, ein gnadenloser Existenzkampf begann, und ich gehörte schon bald zum alten Eisen. Da waren so ein paar Tüftler, die sich mit Elektronik sehr gut auskannten. Die haben in unsere Firmen-Handys was eingebaut, womit sich unsere Touren bei den Auslieferungen kontrollieren ließen. Die wussten genau, wo wir waren, zu jeder Zeit. Dann haben sie eine Palastrevolution angezettelt und der Firmenleitung Protokolle ausgehändigt, wann und wo wir Älteren Pause gemacht oder unsere Tour unterbrochen haben. Es gab eine riesige Kündigungswelle. Ich war auch dabei. Was hätte ich machen sollen? Wir haben uns einvernehmlich getrennt. Ich habe ein sehr positives Zeugnis bekommen, mit dem ich mich woanders bewerben konnte. Anderenfalls, also wenn ich Druck gemacht hätte, wäre das wohl nicht so gut ausgefallen ...«

76 | WIE WERDE ICH SELBER RICHTIG GEMEIN?

Elf »goldene Regeln«*, zusammengefasst aus vielen hundert Interviews zu diesem Thema:

1. Unternehmen Sie keine Gemeinheit allein. Sie brauchen immer einen Komplizen, dem Sie beim Scheitern der Gemeinheit die Schuld in die Schuhe schieben können.

2. Testen Sie, wie aufnahmefähig Ihre Kollegen für gemeine Lügen sind! Fangen Sie mit kleinen frei erfundenen Geschichten über irgendjemanden, der sich schlecht wehren kann, an. Setzen Sie Gerüchte in die Welt. Wenn die sich per Flurfunk blitzartig verbreiten, dürfen Sie nachlegen. Werden Sie langsam mutiger. Wagen Sie sich auch an delikate Themen wie z.B. Alkoholismus, häusliche Gewalt, Vorliebe für spezielle Internetseiten usw. heran. Machen Sie sofort einen Rückzieher, wenn Sie als Urheber dieser miesen Gerüchte enttarnt werden.

3. Vor Ihrer ersten richtigen Gemeinheit sollten Sie das absolute Wohlwollen eines Vorgesetzten genießen. Schleimen Sie sich gnadenlos ein und teilen Sie diese Schleimerei mit niemandem.

4. Vergessen Sie Ihre guten Manieren. Um richtig gemein zu werden, müssen Sie Spion, Agent, Dieb und Gauner in einer Person sein.

5. Stehlen Sie private Unterlagen, wo immer Sie an welche herankommen, und kopieren Sie diese. Eines Tages könnten sie wertvoll sein!

6. Filzen Sie Schreibtische und Schreibtischschubladen, wann immer es geht.

7. Protokollieren Sie genau, wann Ihre Kollegen kommen und gehen und wann sie Pausen machen.

---

* Natürlich raten wir Ihnen nicht dazu, diese Regeln in die Praxis umzusetzen. Sie sollen nur Ihr Gespür dafür schärfen, mit welch fiesen Tricks Ihre Kollegen eventuell arbeiten.

8. Fertigen Sie Dossiers über alle Kollegen an. Wer hat private Probleme, wer kommt warum unausgeschlafen in die Firma? Bewahren Sie diese Dossiers sorgfältig auf, aber nicht in der Firma.

9. Interessieren Sie sich für die Krankheiten Ihrer Kollegen! Warum zittern die Hände von Kollege A., warum rennt Kollegin B. ständig auf die Toilette?

10. Fertigen Sie Skizzen von Seilschaften an! Was verbindet die Lageristin mit dem Monteur, der wiederum einen extrem guten Draht zum Meister hat, und wie profitiert die Tochter der Lageristin davon? Hat die vielleicht ihre Lehrstelle nur deshalb bekommen, weil der Monteur mit ihrer Mutter ein Verhältnis hat und sich beim Meister für sie eingesetzt hat?

11. Paktieren Sie auch mit den Schwachen in der Firma, mit denen ansonsten überhaupt keiner gerne spricht! Genau die wissen manchmal sehr viel, und sie sind dankbar für jeden, der sie ernst nimmt und ihnen das Gefühl gibt, wichtig zu sein. Haben die Schwachen Ihnen genug Material geliefert, werden sie natürlich fallen gelassen und womöglich noch ans Messer geliefert.

77 | UND MÜSSEN DIESE GEMEINHEITEN ÜBERHAUPT SEIN?

Vielleicht haben Sie bei der Lektüre der ersten 76 Kapitel so manches Mal dankbar gelächelt und bei sich gedacht: »Da habe ich aber Glück. In meiner Firma sind sie nicht so fies. Wir verstehen uns alle prima!« Aber Vorsicht! Hier müssen einige Fragen gestellt werden. Erstens: Sind Sie wirklich sicher? Oder verfolgen die Kollegen mit ihrer vermeintlichen Freundlichkeit eine ganz bestimmte, recht eigennützige Strategie? Dazu gehören Stichwörter wie diese: zwanghafte Konfliktvermeidung, abgrundtiefe Bequemlichkeit, stressbefreite Friede-Freude-Eierkuchen-Mentalität und auch der von besonders lieben Kollegen immer wieder gern zitierte Minimalkonsens »Ich bin auffe Arbeit und nich auffe Flucht« (was ja nichts weiter ist als eine hübsche Umschreibung für »Ich bin stinkefaul und denke gar nicht daran, mal etwas Gas zu geben, nur weil ein Kunde wartet«).

Zweitens: Bewegt sich in Ihrer Firma eigentlich noch was? Oder sind alle Ihre lieben Kollegen schon so fürchterlich zufrieden, dass über konstruktive Veränderungen gar nicht mehr nachgedacht wird? Das wäre allerdings sehr unkreativ und langfristig weder für den Betrieb noch für seine Mitarbeiter gut. Eine Firma ist keine Kuscheldecke, und Ihr Arbeitsvertrag ist keine Sitzplatzgarantie. Sondern Ihr Arbeitgeber darf von Ihnen erwarten, dass Sie ständig (ständig!) mit darüber nachdenken, wie Betriebsabläufe effektiver, kostengünstiger und kundenfreundlicher gestaltet werden können. Wer außer Ihnen sollte denn sonst konstruktive Vorschläge machen? *Sie* gehören zu den Guten, *Sie* sind Leistungsträger. Ideen zu haben und auch zu äußern ist sozusagen Bestandteil Ihres Jobs!

Dies wird jedoch unter Umständen bedeuten, dass der eine oder andere vollkommen überflüssige Kollege sich demnächst nach einer neuen Herausforderung umschauen muss. Es wird bedeuten, dass Sie Ihre Nase in die Angelegenheiten der Kollegen stecken. Es wird vielleicht auch bedeuten, dass Sie sich unbeliebt machen. Irgendjemand wird wegrationalisiert, und Sie werden mit Glück befördert. Weil es *Ihre* Idee gewesen ist. Sehen Sie – schon ist Stress im Spiel.

Aber genau dieser Stress ist kreativ! Wo keiner mehr querdenkt, herrscht Friedhofsruhe. Wo keiner mehr unbequeme Fragen stellt, schlafen alle aus Bequemlichkeit ein. Dann allerdings haben Sie ein super Betriebsklima in der Firma, und alle haben sich wahnsinnig lieb. Vergessen Sie's! Das Geschäft macht die Konkurrenz. Und wenn Sie und Ihre lieben Kollegen eines Tages aus Ihrem Tiefschlaf erwachen, sind Sie arbeitslos.

Die Antwort auf die Frage aus der Überschrift heißt deshalb: Ja. Diese ganzen Gemeinheiten müssen tatsächlich sein. Denn wo gehobelt wird, da fallen Späne. Und wo nicht mehr gehobelt wird, da fehlt es wohl an Kundschaft. Jede gute Idee hat eine Schattenseite. Jeder Einsparvorschlag kostet Arbeitsplätze. Für jeden Job gibt es mehrere Bewerber. Jeder Gewinner hat einen Verlierer zur Folge. Jeder Arbeitnehmer ist eine Ein-Mann-AG, die ihre eigene Arbeitskraft so gut und so teuer wie möglich an den Arbeitgeber verkauft. Teamgeist ist gut und wichtig, dient aber auch nur den Zielen der vielen einzelnen Ein-Mann-AGs. Und der schöne Satz »Gemeinsam sind wir stark« bedeutet letztendlich doch nichts anderes als: Alleine kann *ich* nicht so viel erreichen, als wenn ich *euch* mit ins Boot nehme! Ist also auch nur ein Mittel zum (völlig legalerweise) total egoistischen Zweck.

Und wenn Sie jetzt so langsam das Gefühl kriegen, dieses Buch sei nichts weiter als ein Plädoyer fürs sympathische, aber hinterlistige Kollegen-Arschloch, dann verraten wir Ihnen hier was: Das stimmt. Wir wollten es nur nicht so laut sagen.

Nach Jahrzehnten, in denen die Mitarbeiter geknechtet und beschimpft, verachtet und gleichzeitig zu Höchstleistungen angetrieben wurden[*], dachte sich der neue Vorstandsvorsitzende der Richard Malkow AG vor einigen Jahren die sogenannte »Charming Offensive« aus. Ein Konzept, mit dem das Betriebsklima dramatisch verbessert werden sollte. Fortan wurde in dem Konzern nicht mehr

---

[*] *Wehmütig erinnern sich einige betagte Mitarbeiter an die schönen Zeiten, als ihre Chefs von außen gegen die verschlossenen Toilettentüren traten und die Leute herausprügelten – mit Rufen wie »Kundschaft! Kommt da raus, ihr faulen Ärsche!«, und mittags in den umliegenden Kneipen Streife gingen: »Sehe ich einen mit Bier auf dem Tisch, ist er gefeuert« –, seltsamerweise leuchten die Augen der Leute bei diesen dramatischen Erzählungen …*

herumgebrüllt, sondern die Mitarbeiter wurden quasi mit Samthandschuhen angefasst. Einige besonders »scharfe Hunde« verloren ihren Job.

Was war das Ergebnis? Faulpelze und Nichtskönner atmeten auf. Sie wurden künftig nicht mehr behelligt. Es begann eine sehr, sehr nette – aber auch eine unglaublich träge Zeit, in der Querdenker, Stänkerer, die »Immer-noch-einen-drauf-Leger« und die »100-Prozent-sind-20-zu-wenig-Perfektionisten« keinen Einfluss mehr hatten. Schade eigentlich. Die Gemeinheiten allerdings sind geblieben. Dieser Konzern ist immer noch das reinste Haifischbecken, nur subtiler.

8. TEIL:
DIE KOLLEGEN, IHRE SEILSCHAFTEN UND NETZWERKE

78 | SEILSCHAFTEN, NETZWERKE – WIE WERDEN DIE GEKNÜPFT?

Seilschaften gab es schon immer. Ohne die Förderung ihres Chefs Jesus C. wären zwölf armselige Bauern wahrscheinlich nie berühmt geworden. Zwar haben einige von ihnen ihre Karriere mit dem Leben bezahlt, aber das war damals eben so. Das Angebot war klar: Komm mit mir und ich mache dich – glücklich. »Ich mache dich glücklich« können Sie nun durch »Ich helfe dir bei deiner Karriere« ersetzen, und schon haben Sie eine Seilschaft nach heutigem Vorbild. Das Prinzip ist klar: Nie groß fragen, möglichst wenig am großen Führer zweifeln, immer zum Club gehören – dann wird einem geholfen. Allerdings muss man damals wie heute mit dem Chef mitziehen, wenn er sich auf die Reise macht. Wer bleibt, verliert. Wer nicht flexibel ist, sein kann oder sein möchte, der braucht auch keine Seilschaft.

Netzwerke gibt es hingegen noch nicht so lange. Sie sind eher was für Frauen. Früher trafen sie sich ein- oder zweimal im Jahr auf irgendwelchen Frauentagungen und hielten dann Kontakt. Erst seitdem es das Internet gibt, und das ist ja noch nicht so lange, sind Netzwerke förmlich explodiert. Weltweit tauscht man sich in entsprechenden Foren aus, schickt Mails rund um die Welt und erfährt blitzschnell, in welcher Firma sich was anbahnt. »Ich verbringe fast ein Drittel meiner Arbeitszeit damit, im Net an meiner Karriere zu basteln«, sagt Ingrid M. (37), die in einer großen Frankfurter Bank arbeitet. »Ich weiß genau, wo demnächst was vakant sein wird. Weltweit. Ich weiß, welcher Bank es im Moment nicht so gut geht und welche an einem neuen großen Ding dran ist, aber ich mache davon keinen Gebrauch. Was man im Netzwerk erfährt, darüber spricht man nicht.«

Der Unterschied zwischen der typisch männlichen Seilschaft und dem typisch weiblichen Netzwerk ist dieser: Die Seilschaft ist ein recht primitiv aufgebautes hierarchisches System von Leuten, die sich gegenseitig bei ihrer Karriere unterstützen. Das Netzwerk ist eine Art Spinnennetz, an dem viele mitbauen und das vielleicht eines Tages einmal von Nutzen sein könnte. Da wird getratscht, da wird

mit Gerüchten gehandelt, da wird geschaut, wer mit wem Kontakt hat und wer wen seit wann und woher kennt, und irgendwann zahlt sich dies alles einmal aus. Wenn man Glück hat. Wenn nicht, hat man wenigstens viele nette Leute kennengelernt.

Zu einer Seilschaft kommt man schnell. Man setzt darauf, dass jemand Karriere machen wird und einen mitnimmt, wenn er die Firma wechselt. So lange ist man ihm gegenüber total loyal und ordnet sich unter. Entweder klappt es, oder man hat auf die falsche Seilschaft gesetzt. Dann fängt man eben wieder von vorne an. In ein Netzwerk schleicht man sich ein, ist ständig online, überprüft die eigenen Kontakte und bemüht sich, möglichst viele neue zu bekommen. Ein Netzwerk muss man liebevoll und zeitaufwendig pflegen. Auch deshalb ist es wohl eher etwas für Frauen.

79 | MUSS MAN ZU EINER SEILSCHAFT GEHÖREN?

Besser ist es auf jeden Fall. Sie können als Einzelkämpfer in Ihrem Job sehr, sehr gut sein und werden auch von allen gelobt – jahrelang, vielleicht sogar jahrzehntelang. Aber Sie werden letztlich immer wieder feststellen, dass die wahren Karrieresprünge im Zuge von Seilschaften ablaufen. Das funktioniert in der Praxis so (handelnde Personen: Abteilungsleiter A und seine beiden gleichberechtigten Vertreter B und C): A fällt Entscheidung. B klatscht Beifall. C spielt den Advocatus Diaboli und zeigt die Schwachstellen der Entscheidung auf. B hält sich klug zurück, A entscheidet neu und berücksichtigt die Bedenken von C weitgehend. C denkt, er hat gewonnen. A denkt: Gut, dass ich C habe. B denkt: Warte mal ab. A wechselt die Firma und geht (z.B.) nach München; er wird dort Vorstandsvorsitzender. Wen nimmt er mit? B.

Aber warum tut A das? Wäre er nicht viel besser beraten, wenn er C mitnimmt, den Leistungsträger, den Querdenker? Nein! A möchte im Grunde gar keine anderen Entscheidungen treffen als die, die er sowieso treffen würde. Wenn C ihn auf dem falschen Fuß erwischt, wird er dementsprechend einlenken und C ein großes Lob aussprechen, aber auf Dauer sind A die vielen Cs viel zu anstrengend. Er hat eine Seilschaft mit B, und wo immer er demnächst arbeiten wird: B, der Ja-Sager und Applaudierer, ist mit einem hervorragend dotierten Vertrag auf Garantie dabei. Fragen Sie nicht, ob das logisch ist. Es ist – die Realität.

Sie haben also die Wahl. Entweder sind Sie ein unbequemer C, oder Sie haben als applaudierender B eine schöne, verlässliche Seilschaft. Vielleicht werden Sie ja eines Tages selber A sein! Aber es steht zu befürchten, dass Sie vorher vom C zum B werden müssen.

80 | WARUM FAHREN GERADE FRAUEN SO AUF NETZWERKE AB?

Tuscheln, tratschen, hier was Gutes tun, dort was verschenken, im Hintergrund wirken und überall ein bisschen mitmischen: Das ist doch typisch weiblich. Dies ist jetzt nicht frauenfeindlich gemeint. Kann auch gar nicht. Denn in den modernen Netzwerken sind die cleversten, tüchtigsten, intelligentesten und schlagkräftigsten Frauen vertreten. Aber letztlich entsprechen sie dann doch wieder dem alten Klischee. Netzwerke passen einfach zum Wesen der Frau! Ein bisschen kommunizieren, was erfahren, was preisgeben, noch mehr erfahren, auch mal einen mutigen Schritt vorwärts tun und dann gleich zwei nicht so mutige zurück, was ausprobieren und wieder verwerfen: So wie die Frau shoppen geht, so bewegt sie sich auch in den Netzwerken. Es gibt welche, die können sich eine Nacht am Laptop ohne Kontakt zu den anderen Netzwerkerinnen gar nicht mehr vorstellen. Und sie sagen: »Hier basteln wir an unserer Karriere, das ist echt wichtiger für uns als eine gute Beziehung!« Der Mann liegt wahrscheinlich schon im Bett und träumt von seiner Seilschaft. Aber die ist gar nichts wert gegen ein gut geknüpftes Netzwerk.

81 | KANN MAN PER NETZWERK KARRIERE MACHEN?

Ja, auf jeden Fall. Wer zu einem Netzwerk gehört, der erfährt frühzeitig, wo sich etwas bewegt. Oder wo ein wichtiges Seminar ab-
gehalten wird. Wo man Leute kennenlernt. Wo man sein müsste. Wo
man nicht unbedingt hingehen muss. Wer in welchem Konzern das
Sagen hat. Allein – ganz allein – macht heute kaum noch einer richtig Karriere. Das Netzwerk ist schon eine feine Sache – wenn man
denn dazu bereit ist, sich ständig mit anderen Leuten auszutauschen
und immer nett zu sein im Net.

Denn wer so ein Netzwerk dazu benutzt, seine ehrliche Meinung
zu äußern, der ist schnell draußen. Im Netzwerk sind alle immer
ganz lieb zueinander. Da gibt es keine Streitkultur. Wir haben mal
reingeschaut und ein paar Zitate rausgepickt:

»Das fand ich wahnsinnig interessant, was du da geschrieben
hast.« »Kannst du mir mal deine Quellen mailen? Wow, ist ja der
Hammer.« »Danke für den Beitrag, Ilona.« »Super gut, viel gelernt.«
»Bin begeistert, Sonja.« »Schreibst du mehr darüber?« »Du kennst
dich ja echt aus.« »Machst du Seminare zu dem Thema oder so?
Ich wäre dabei!« So geht das seitenlang. Im Internet findet sich kein
einziges Netzwerk, in dem man Kommentare liest wie »Du erzählst
nur Scheiße«, »Du bist ja schlechter als Wikipedia« oder »Ich klink
mich raus *gähn*.« Nirgendwo ist man internetter zueinander als
in einem Netzwerk. Und deshalb ist ein Netzwerk auch nicht jeder-
manns Sache, und jedes Mannes Sache ist es sowieso nicht.

82 | KANN SO EINE SEILSCHAFT AUCH SCHADEN?

Wenn man nur eine hat ... Stellen Sie sich einmal vor, Sie setzen auf einen einzigen Vorgesetzten und reden ihm jahrelang immer nur nach dem Mund. Der Vorgesetzte ist eine Pfeife. Das stört Sie nicht weiter, da Sie ja in seinem Kielwasser Karriere machen möchten. Nur: Irgendwann kriegt der Vorstand mit, dass Ihr Sponsor eine Pfeife ist, und feuert den Mann. Er versinkt im beruflichen Nirwana und taucht allenfalls irgendwann wieder als Berater einer dubiosen Unternehmensberatung aus der Versenkung auf. Oder als Lobbyist in Berlin bzw. Brüssel. Da braucht er aber keinen Hiwi, also keinen Typen wie Sie. Dumm gelaufen. Sie haben aufs falsche Pferd gesetzt. Inzwischen sind Sie auch gefeuert – aber Ihre Seilschaft kann Ihnen jetzt keine Alternative mehr bieten. Deshalb gilt: Man sollte tunlichst eine zweite Seilschaft in petto haben, falls bei der ersten die Seile reißen.

83 | HILFT DAS NETZWERK, WENN ES EINEM SCHLECHT GEHT?

Wohl kaum. Das Netzwerk ist immer ein Winner-Pool. Hier treffen sich Leute auf der Erfolgsstraße. Geschichten von beruflichen Rückschlägen und tiefen Depressionen, von Überforderung im Job und Mobbing durch Kollegen sind grundsätzlich kein Thema. Es geht darum, nach vorn zu kommen. Schwächen gibt man anderen Netzwerkern gegenüber grundsätzlich nicht zu. Sie stören die Harmonie und verderben ja auch irgendwie die gute Laune. Zwar gibt es viele Frauen, die von sich sagen: »Durch dieses Netzwerk habe ich echte Freundinnen kennengelernt.« Allerdings ist es eher unwahrscheinlich, dass vermeintlich »echte Netzwerk-Freundschaften« eine persönliche Krise und einen Karriereknick überleben würden.

84 | WARUM VERSCHWEIGEN ALLE IHRE GUTEN BEZIEHUNGEN?

Meistens gibt es dafür nicht mehr als diese zehn Gründe: 1. Die Ära des Geheimnisvollen soll sie umgeben. Die macht wichtig und wirkt gefährlich. 2. Sie müssten sonst fürchten, dass sie ständig um einen Gefallen gebeten werden (»Du hast doch gute Kontakte zu dem ...«). Ein jeder möchte seine guten Beziehungen aber am liebsten nur für sich selbst nutzen. 3. Wenn die Beziehungen mal keine so guten mehr sind, müsste man das den Kollegen gegenüber auch zugeben. Was die eigene Position in der Firma schwächen könnte. 4. Die »guten Beziehungen« bestehen oftmals darin, dass jemand etwas nach oben ausplaudert und dafür Vorteile einheimst. Würden die Connections nach oben bekannt, könnte unten manch eine spannende Informationsquelle versiegen. 5. Manch einer denkt weiter! Wenn die »gute Beziehung« eines Tages die Firma verlassen sollte und die Karriereleiter noch weiter emporklettert, muss man selbst seine Schäfchen im Trockenen haben (z.B. mitgenommen werden). Also wird man doch schön die Klappe halten, denn nicht vielen wird diese Chance geboten. 6. Um die »guten Beziehungen« zu torpedieren, könnten neidische Kollegen missliebige Dinge über einen selber ausplaudern, aufbauschen oder sogar frei erfinden. 7. Die »gute Beziehung« hat mit Sicherheit kein Interesse daran, dass man die Kontakte geschwätzig breittritt. 8. Man hat »von oben« Betriebsgeheimnisse erfahren, aber nur unter dem Siegel der tiefsten Verschwiegenheit. Lieber gar nichts von den guten Beziehungen erzählen, als sich verplappern! 9. Wer mit guten Beziehungen prahlt, gilt schnell als Aufschneider. 10. Die guten Beziehungen sind gar nicht so gut, wie die anderen denken. Man hält aber das Gerücht immer schön am Kochen und wird so gleich viel interessanter.

85 | SOLLTE MAN KOLLEGEN ÜBERHAUPT WEITEREMPFEHLEN?

Obwohl die spontane Antwort lautet »Natürlich, warum denn nicht? Wenn sie gut sind …«, gibt es fast niemals positive Rückmeldungen von solchen Weiterempfehlungen. Man könnte auch sagen: Der Schuss geht immer nach hinten los. »Es gibt nur einen, den ich empfehlen würde. Das bin ich. Es gibt auch nur einen, dem ich jemanden empfehlen würde. Das bin ebenfalls ich.« Dieser leicht zynische Spruch eines Frankfurter Bankers trifft ins Schwarze. Aus folgenden Gründen (Zitate von Arbeitnehmern, die damit Erfahrungen haben):

»Der Kollege war bei uns top und ist in der neuen Firma total durchgefallen. Das fiel dann auf mich zurück, weil ich ihn empfohlen hatte.« »Die haben viel zu viel von ihm erwartet, weil er über mich den Job bekommen hatte.« »Er hat den neuen Job bekommen, aber bedankt hat er sich nie bei mir und schon gar nicht revanchiert.« »Mein Chef hat erfahren, dass ich die Empfehlung abgegeben hatte. Fast wäre ich geflogen.« »Es gibt keine Vertraulichkeit unter Kollegen. Irgendwann sickert alles durch, und dann bist du am Arsch.« »Oftmals hält man jemanden zu Recht für spitze – aber wenn er dann in einem neuen Umfeld arbeiten muss, liefert er nur noch Mist ab.« »Wenn man den Falschen empfiehlt, so wird einem das hinterher oft als bewusste Gehässigkeit ausgelegt. Als wenn man drinsteckt in den Leuten.« »Bei den alten Griechen wurden die Überbringer von schlechten Nachrichten geköpft, heute werden die Empfehler von schlechten Kollegen geköpft. Obwohl man das vorher manchmal gar nicht weiß.« »Mein Chef hat mich mal gefragt, ob ich nicht jemanden für ihn hätte. So einen richtig Guten. So einen wie mich, meinte er. Da hab ich ihm den Besten angeschleppt, der mir einfiel. Und wissen Sie was? Heute ist mir der Mann vor die Nase gesetzt und ich muss nach seiner Pfeife tanzen. Er hat genau den Job bekommen, auf den ich scharf war. Na super.«

86 | KRIEGT MAN WAS ZURÜCK, WENN MAN JEMANDEM HILFT?

Es wäre die Ausnahme. Kollegen sind grundsätzlich sehr vergesslich, wenn es um die Rückzahlung einer moralischen Schuld geht. Es besteht auch meistens Uneinigkeit darüber, worin die Rückzahlung bestehen sollte. Der eine wütet: »Ohne mich hätte der niemals Karriere gemacht. Und jetzt macht er mich auch noch zur Sau.« Der andere meint: »Einmal hat er mir geholfen, aber deshalb muss ich ihm doch nicht ein Leben lang dankbar sein! Er ist nun mal eine Pfeife. Außerdem habe ich ihn damals gar nicht darum gebeten; ich wäre auch ohne den nach oben gekommen.« Natürlich gibt es die »Du-hilfst-mir-ich-helfe-dir«-Connections, von denen in diesem Buch auch schon mehrfach die Rede war. Geben und nehmen auf Gegenseitigkeit. Schön, wenn es klappt und wenn sich beide dabei wohlfühlen! Aber darauf verlassen kann man sich keinesfalls. Es laufen mehr Menschen herum, die von undankbaren Kollegen enttäuscht wurden, als solche, die sich für Hilfestellung gern und großzügig erkenntlich zeigen.

87 | HABEN DIE CHEFS WAS GEGEN SEILSCHAFTEN UND NETZWERKE?

Nein, sofern sie nichts davon wissen. Ansonsten gilt: Jeder Chef möchte am oberen Ende der Seilschaft klettern und mitten im Zentrum von jedem Netzwerk lauern. Beide – Seilschaften und Netzwerke – machen Chefs außerordentlich misstrauisch, wenn sie selbst nicht daran teilhaben. Was wird da erzählt? Wer wird da abgeworben? Welche Kontakte werden an mir vorbei geknüpft, und wieso sollten die zum Wohle meiner Firma sein? Werden meine guten Leute aufgehetzt? Lästert man über mich? Zahlt man woanders besser? Und wieso beschäftigt der sich überhaupt mit so etwas: Ist er bei uns etwa nicht ausgelastet? Chefs denken nicht rational. Man kann froh sein, wenn sie überhaupt denken, aber die eigenen Seilschaften und Netzwerke hält man am besten vor ihnen geheim.

Schiller* hat Recht. Einzelkämpfer, sogar erfolgreiche Solospieler, gibt es in allen Firmen. Meistens sind sie fachlich sehr gut, aber sie scheinen die Menschen zu hassen und haben oftmals null Humor. Jedenfalls zeigen sie ihn nicht. Wie sie sich unter Alkohol auf Betriebsfeiern geben würden, ist unbekannt: Sie gehen grundsätzlich nicht auf Betriebsfeiern. Ihr Privatleben schotten sie ab. Aber sie pflegen ihr finsteres, gefährliches Image mit Hingabe. Die meisten Kollegen halten sich von diesen Einzelkämpfern fern und machen einen Bogen um sie. Allzu schnell bekommt man einen verbalen Schlag ins Gesicht, denn diese Typen sind nicht nur Kriegsveteranen – sondern sie sind immer noch im Krieg. Und zwar gegen jeden.

Gruppendynamik missfällt ihnen. Teamwork hassen sie. Kollegialität ist für sie ein Fremdwort, das sie vermutlich nicht einmal buchstabieren können. Freundliche Worte perlen an ihnen ab wie Wassertropfen am Federkleid der gemeinen Schnabelente. Es sind Söldner, die ihre nicht unbeträchtliche Arbeitskraft meistbietend verkaufen und dafür jeden Job machen würden. Wer es aber schafft, das Herz eines solchen harten Hundes zu erwärmen – zum Beispiel mit gekonntem Augenaufschlag, einer ansehnlichen Oberweite oder langen Beinen – der (bzw. die) darf sich glücklich schätzen: Er (bzw. sie) lernt in wenigen Wochen mehr über den Überlebenskampf im Haifischbecken als andere in vielen Jahren.

Aber auch diese Einzelkämpfer, diese Exoten, diese Unberechenbaren haben ihr Verfallsdatum. Im Laufe der Jahre summiert sich die Zahl ihrer natürlichen Feinde auf eine Größenordnung, mit der man ein Volksbegehren in Gang setzen könnte. Eigentlich hat jeder, dem sie mal begegnet sind, noch eine Rechnung mit ihnen offen. Und »viele Hunde sind des Hasen Tod«, warnt der Volksmund. Erst werden sie älter, dann müder, dann lassen die Reflexe nach. Man spricht von »Altersmilde«. Aber die nimmt man ihnen ebenso wenig ab wie das weiße Pfötchen dem bösen Wolf, denn im Haifisch-

---

* *»Wilhelm Tell«, 3. Akt: »Der Starke ist am mächtigsten allein.«*

becken schwimmen nun einmal keine sieben Geißlein. Die vereinte Streitmacht der Luschen und Versager, der Verpisser, der Tarner und Täuscher, der Feiglinge und der Ja-Sager wird nun von Jahr zu Jahr diesen alternden John Waynes ein Stück Fleisch nach dem anderen aus dem vernarbten Wanst beißen, bis sie ermattet und blutleer vom Sattel sinken. Nur mit Glück sind sie schon vorher auf Rente und können die restlichen 20 Jahre ihres Lebens damit verbringen, auf der Parkbank anderen Rentnern von den Highlights ihrer Karriere zu erzählen, von besseren und härteren Zeiten, als die Guten noch gewannen und die Schlechten stets verloren.

Falls sie zu Wort kommen. Denn neben ihnen auf der Parkbank sitzt garantiert ein ebenso harter Hund. Jedenfalls sagt er das. Also heißt die Antwort: Ja, der Stärkste ist am mächtigsten allein! Er ist auch der Sympathischere, obwohl er eigentlich kaum gute Eigenschaften hat. Aber er ist extrem gefährdet und sollte rechtzeitig eine stattliche Riester-Rente ansparen. Für die letzten Jahre auf der Parkbank.

9. TEIL:
DIE KOLLEGEN UND
IHR IMAGE

89 | WARUM GUCKEN MANCHE KOLLEGEN SO BÖSE?

Je böser das Gesicht, desto wichtiger der Kollege. Ein böses Gesicht signalisiert: Ich allein kenne die wahren Probleme dieser Firma, und ich reibe mich für sie auf. Ihr anderen alle, die ihr angesichts der desolaten Lage noch fröhlich seid und Witze reißt: Ach, ihr Armen! Ihr wisst doch nichts! Ihr tanzt noch auf der Titanic, wenn man sich die Würfel für den letzten Scotch schon direkt aus dem Eisberg schlagen kann! Aber ich stehe auf der Brücke, und deshalb habe ich nichts zu lachen. Ihr seid fröhlich, ich bin bedeutend. Das Böseducken ist in den allermeisten Fällen also eine reine Show.

Es mag doch kaum noch einer auf die Frage im Fahrstuhl, wie es ihm geht, mit einem schlichten »Danke, sehr gut« antworten! Da wird man komisch angeguckt. »Wie jetzt, gut? Echt gut?« »Na klar«, sagt der unverbesserliche Optimist, der niemals Karriere machen wird: »Ich bin gesund, mein Job macht Spaß und draußen scheint die Sonne. Warum sollte es mir nicht gut gehen?« Der wird nie wieder gefragt, wie es ihm geht. Oder ob er eine Gehaltserhöhung möchte. Stattdessen wird geseufzt und gestöhnt, »Schwere Zeiten halt«, »Du kennst ja die neuesten Zahlen«, »Gibt ja kaum noch Profis hier«, »Lauter Häuptlinge und keine Indianer«, so wird lamentiert und geklagt. Überall wird die Lage schlechtgeredet und miesgemacht. In jeder Firma gibt es Leute, die stets mit sorgenvoller Miene und einer grauenhaften Laune herumlaufen. Sehr oft sind es inkompetente Schwätzer, faule Zecken und Meister im Delegieren. Vom Gesichtsausdruck her könnten sie von der Steuerfahndung sein. Oder vom Bestattungsinstitut.

Nehmen wir mal Ingo S., einen kleinwüchsigen Mittfünfziger aus einem großen deutschen Konzern der Futtermittelindustrie. Gut 30 Jahre in der Firma, in den verschiedensten Jobs gescheitert, unfähig zur Menschenführung (»Der kann nicht mal einen Hund führen«, sagt man über ihn hinter vorgehaltener Hand), dennoch seit vielen Jahren in wechselnden Führungsjobs. Welche Leiche er in wessen Keller vergraben hat, und warum er nicht schon vor Jahrzehnten gefeuert wurde, das weiß eigentlich niemand so recht. S. läuft den

ganzen Tag mit einer Leichenbittermiene durch die Flure, dass man fast schon Mitleid mit ihm haben möchte. In Meetings stöhnt er manchmal auf, als wenn ihn ein Magenkrampf packt. Oftmals ruft er unvermittelt »Nein, nein, nein!« und versinkt danach wieder in tiefe Melancholie. Vollständige Sätze spricht er selten. Und wenn, dann bestehen sie aus düsteren Anspielungen und tieftraurigen Missfallensäußerungen: »Ihr werdet schon noch sehen«, »Ich hab schon vor Jahren gewarnt«, »Auf mich hört ja keiner«, »Ja seid ihr denn alle …«, »Das kann doch nicht wahr sein«, »Wartet nur ab«, »Hört auf meine Worte«, das ist so sein Repertoire. Meistens jedoch beschränkt er sich auf unverständliches Murmeln und Rufe wie »Herr, wirf Hirn vom Himmel« oder »Kommen Sie zur Sache!«.

Untergegebenen gegenüber benimmt sich S. wie Sau. Er hat schon manch einen in die Kündigung oder zum Infarkt getrieben. Trifft er jedoch einen Starken im Fahrstuhl, einen schwer Einschätzbaren oder einen, der noch hinterhältiger zu sein scheint, als er selber es ist, dann verwandelt sich seine notorisch schlechte Laune in mitleidheischendes Gejammer. Er legt einem dann gern die Hand auf den Arm, schaut einem tief in die Augen und flüstert: »Nur wir beide, wir sind doch die letzten Profis hier«, oder »Wenn du nicht wärst, dann wäre ich ganz allein.« Ingo S. hat zweifellos eine Karriere gemacht, die angesichts seiner Inkompetenz recht erstaunlich ist. Und diese Karriere verdankt er nicht zuletzt seinem bitterbösen Gesicht, das er wie ein finsteres Markenzeichen vor sich her trägt.

90 | WARUM RENNEN MANCHE KOLLEGEN SO SCHNELL?

Damit verhält es sich ähnlich wie mit der bösen Miene: Je schneller der Lauf, desto wichtiger der Kollege. Aus dem Weg! Auftrag vom Chef! Kein Aufschub möglich! Ich kann jetzt nicht! Weg da, ihr Faulpelze! Ich bin Feuerwehr! Ohne mich geht nichts! Werde überall gebraucht! Das signalisiert der hastige Lauf über die Flure, meistens mit irgendeinem Block in der Hand oder einer Akte unterm Arm. Achten Sie mal drauf, wer die anderen im Gehen ständig überholt! Am eiligsten haben es immer die Kakerlaken, die Arschkriecher und die Nichtskönner. Die Eile gehört zu ihrer Imagepflege. Nie würden sie bei einer Sekretärin kurz verweilen und z.B. ihre schönen Blumen oder ihre hübsche Bluse loben. Sie würden auch niemals fragen, wie es Mann und Kindern geht. Sie stürmen ins Zimmer vom Chef, als wenn sie ihm eine Mund-zu-Mund-Beatmung verpassen müssten.

Ist allerdings die Tür hinter ihnen ins Schloss gefallen und stehen sie im Allerheiligsten, dann stoppt ihr eiliger Schritt. Sie schrumpfen in Sekundenschnelle und werden zu biegsamen, wurmähnlichen, unterwürfigen, enteierten, geschlechtslosen Befehlsempfängern. Sie lassen sich klaglos abwatschen, leisten keine Gegenwehr, beschränken ihre Konversation auf Einwürfe wie »Genau«, »Wollte ich eben auch so sagen«, »Sehe ich genauso« und »Wird sofort erledigt«. Auf Zehenspitzen schleichen sie zur Tür, und sobald die ins Schloss gefallen ist, geben sie wieder richtig Gas. »Aus dem Weg!« »Auftrag vom Chef!« »Ich werde überall gebraucht!«

91 | WARUM SPIELEN MEINE KOLLEGEN PLÖTZLICH ALLE GOLF?

Das hat leider nichts mit frischer Luft zu tun oder mit der inneren Ruhe und Ausgeglichenheit, die bekanntlich eine natürliche Nebenwirkung des Golfspielens ist. Auch liegt es nicht am Ehrgeiz, jedenfalls nicht am sportlichen. Ihre Kollegen fangen mit Golfen an, weil sie sich davon berufliche Vorteile erhoffen. Der Golfplatz ist die Kontaktbörse, an der Karrieren gehandelt werden. Schade um den schönen Sport! Es tummeln sich Leute auf den Golfplätzen, die dort wirklich nichts zu suchen haben.

Die Frage ist, warum *Sie* nicht dabei sind. Haben Sie denn gar keine Lust mehr auf Karriere? Anders betrachtet, macht es Sie beinahe schon sympathisch, wenn Sie sich diesem Golf-Zwang-Stress entziehen. Sicher ist Golfen ein schöner Sport. Ein teurer. Ein sehr gepflegter. Und ein sehr gesunder. Aber er wird missbraucht. Die Clubs leben davon, dass karrieregeile Arschkriecher auf dem Golfplatz ihrem Chef nahe sein wollen und gar nicht wegen Golfen golfen, sondern wegen ihm. Oder sie hoffen, an Loch Soundso dem Chef von der Konkurrenz zu begegnen. Oder wenigstens dem Assistenten vom Chef von der Konkurrenz. Denn der golft ganz bestimmt. Und wer weiß, wozu das alles einmal gut sein kann.

»Ich bin im selben Club wie unser Vorstand. Hat mich viel Geld gekostet. Aber das habe ich schon lange wieder drin«, so ein Finanzdienstleister aus Hannover. »Beim Golfen ist man locker drauf, man plaudert so vor sich hin, kommt ganz automatisch auch auf die Firma zu sprechen – und man erfährt sehr viel. Man kann auch Leute aus anderen Abteilungen kennenlernen, die dort etwas zu sagen haben. Man ist den Bossen ganz nah und dabei doch ganz privat. Für mich ist Golfen so wie eine Jobversicherung. Es ist wirklich sehr gut investiertes Geld.«

Der Mann hat mit keinem Wort erwähnt, dass er gerne golft. Und das ist eigentlich schade. Bei den Recherchen zu diesem Buch haben wir mit sehr vielen solchen hoffnungsvollen Nachwuchskräften gesprochen. Fast alle hatten ein erstklassiges Handicap. Das gehört einfach dazu. So knüpft man Kontakte. So kommt man weiter.

92 | WARUM FAHREN ALLE NACH SYLT UND KITZBÜHEL?

Weil alle nach Sylt und Kitzbühel fahren. Der Chef hat ein Haus in Kampen, im Sommer mietet sich sein Vize in einer Pension in Wenningstedt ein, der Abteilungsleiter wohnt in Westerland und wenn der Azubi ein bisschen gespart hat, dann logiert er wenigstens in Rantum und gönnt sich abends den Bus auf die Whiskymeile. Da trifft er sie dann alle wieder, gut gelaunt und höchst jovial. Im Winter wiederholt sich die Geschichte in den Bergen. »Ich würde auch mal gern woandershin fahren, aber diese Urlaubstreffen sind echt gut für die Karriere«, sagt der leitende Mitarbeiter eines Callcenters in Sachsen. »Wenn der Chef mit mir im Urlaub gehörig einen trinkt, dann wird er mich doch nicht nach dem Urlaub feuern, oder? Also fahre ich jedes Jahr dorthin, wo er mit seiner Clique abfeiert, und hoffe, dass ich auch mal mit an seinem Tisch sitzen darf. Andererseits kann ich mir das eigentlich nicht leisten, und es stinkt mir sowieso. Die Berufswelt wird doch immer gleichgeschalteter, langweiliger und trister. Originale und Individualisten sind out. Bei uns landen sie auf dem Abstellgleis, sind abgeschnitten vom pulsierenden Business, werden nicht mehr einbezogen und können froh sein, wenn sie bis zur Rente noch bleiben dürfen. Dabei bin ich auch ein Individualist. Eigentlich. Der Witz ist aber: Unser Chef redet ständig davon, dass er gerne mehr Originale und Individualisten um sich hätte. Und sitzt dann im Urlaub doch wieder mit den Leuten zusammen, die ihm nur nach dem Mund reden.«

93 | WARUM SEHEN MEINE KOLLEGEN ALLE GLEICH AUS?

Zur Zeit sind die Anzüge schwarz, die Krawatte wird gern weggelassen, die Brille hat einen schwarzen Rand und sollte eckig sein, keinesfalls aber zu schmal. Die Haare sind ein bisschen länger als noch vor zehn Jahren (Retrolook!) und es ist Gel drin. Oder man hat gar keine Haare mehr, weil man sie abrasiert hat. Dann ist man ein Kreativer. So laufen die jungen Leute zu Hunderttausenden morgens in die großen Konzerne und schleichen sich irgendwann bei Dunkelheit wieder ins Freie. Im Ohr haben sie einen Stöpsel, und beim Gehen gestikulieren sie wild, weil sie nämlich ständig telefonieren. Oder sie hören Musik von ihrem MP3-Player, aber es ist nicht irgendein Player, sondern sie haben alle den gleichen. Sie haben auch alle die gleichen Handys, sie fahren die gleichen Autos, oder sie halten sich fit. Dann haben sie alle die gleichen Fahrräder.

Sie wohnen in den angesagten Stadtteilen, von denen es nicht so viele gibt, und deshalb wohnen sie alle beieinander gleich um die Ecke. Das ist der Grund, warum sie auch alle in dieselben Kneipen ziehen. Sie erinnern ein bisschen an Kinder auf einem Karussell: Alle hintereinander her, alle kommen irgendwie voran, aber alle drehen sich im Kreis. Sie rauchen natürlich nicht, weil Rauchen out ist, aber sie koksen gelegentlich oder auch ein bisschen öfter. Dann dreht sich das Karussell noch ein bisschen schneller als sonst. Koksen sie dann zu viel, fliegen sie raus aus dem Karussell, das deswegen aber nicht anhalten muss. Sie haben alle eine blonde Freundin aus sehr gutem Elternhaus. Die jungen Karrierefrauen hingegen haben sehr oft niemanden, aber das macht nichts. So können sie sich voll ihrer naturgegebenen weiblichen Aufgabe widmen, nämlich den Umsatz der Firma zu steigern. Auch sie benutzen dieselben Handys und MP3-Player und auch sie wohnen alle in den gleichen Vierteln, allerdings fahren sie etwas andere Autos: Wählt er den mattschwarzen A4, fährt sie den mattschwarzen Mini. Schöne neue Welt! Neu? Nein.

Wir dürfen nicht vergessen, dass es schon immer so gewesen ist. In der Berufswelt und in der Gesellschaft überhaupt. Früher trugen alle die gleichen Perücken und benutzten das gleiche Puder, in den

20ern des vorigen Jahrhunderts trugen die Frauen alle die gleichen langen Handschuhe und rauchten Zigaretten mit Spitze, nach dem Krieg waren Erhardts Zigarren das Statussymbol der jungen aufstrebenden Leute, und heute ist eben Nichtrauchen angesagt. Gleichschalterei hat es schon immer gegeben! Schon vor 400 Jahren sahen alle Kollegen gleich aus. Und auch damals gab es einige Wenige, die das ganz einfach nur noch zum Brechen fanden.

Aber die Frage ist, ob es schon immer so SCHLIMM gewesen ist mit der Gleichschalterei in der Firma. Fragt man ältere Mitarbeiter, so sagen die: »Nein, früher war es nicht so schlimm. Da war mehr Raum für Individualität. Früher ging es auch mehr um Leistung und nicht so sehr um den schönen Schein.«

»Ja ja«, sagen Jüngere und haben natürlich auch nicht ganz unrecht: »Früher, wenn ich das schon höre. Früher war alles besser, na klar. Das hat sich nur in eurer Erinnerung so verklärt!«

94 | SIND MEINE KOLLEGEN VIELLEICHT ALLE GEKLONT?

Sie reden alle den gleichen Flachsinn, sie tragen alle die gleichen Klamotten, sie benutzen alle den gleichen Jargon, sie fahren alle die gleichen Autos, sie lachen alle über die gleichen Witze und wahrscheinlich haben sie auch alle die gleichen Sexualgewohnheiten. Es ist wirklich auffällig, wie die lieben Kollegen bemüht sind, so zu sein wie alle anderen. Wenn man einmal hinter die Fassade dieser scheinbar geklonten Wesen schaut, drängt sich der Verdacht auf: Je größer die Angst um den Arbeitsplatz und je mehr Druck auf dem einzelnen Arbeitnehmer lastet, desto uniformer zeigt sich die Masse Mensch in diesem seltsamen Firmen-Mikrokosmos.

Die Angst um den Arbeitsplatz und der lastende Druck sind jedoch zur Zeit sehr ausgeprägt. Viele Menschen, denen man es niemals ansehen würde, haben schon morgens auf dem Weg zur Arbeit Magendrücken. Sie schlafen auch schlecht. Sie leiden unter Impotenz. Sie fühlen sich überfordert und von ihrer Firma betrogen. Sie sind längst nicht mehr loyal. Aber sie wollen nicht auffallen. Diese uniformierte Imagepflege ist der schlichte Versuch, in der Masse unterzutauchen – so wie der »schwarze Block« in einer Chaoten-Demo. Auch alle in Schwarz.

Bereits fast jede zehnte Krankmeldung in Deutschland geht heute auf psychische Beschwerden zurück. Zum Vergleich: Im Jahr 2001 waren es nur 6,6 Prozent. Die Tendenz sei weiterhin steigend, warnte der Berufsverband Deutscher Psychologen (BDP) im April 2008.[*] »Unsicherheit ist inzwischen ein ständiger Begleiter.« »Schlechte Lebensqualität ist ein Resultat von schlechten Arbeitsbedingungen.« »Menschen, die fortwährend um ihre Arbeit bangen müssen, geht es nicht viel besser als den Arbeitslosen selbst.« Um der Arbeitslosigkeit zu entgehen, nähmen viele Menschen Umstände in Kauf, die ihr Privatleben erschweren, sagte die BDP-Vizepräsidentin: »Jeder Umzug, jede Wochenendbeziehung kann eine kleine Lebenskrise bedeuten.«

---

[*] *Quelle: DER TAGESSPIEGEL, 23. April 2008*

Hinzu komme ein »Vertrauensverlust«, der auch den Unternehmen schade: »Vertrauen ist der Schmierstoff im Getriebe jeder Firma.«

Der Schein trügt also total. Während dem ersten Anschein nach das unübersehbar »geklonte« Auftreten der Kollegen ein äußeres Symbol für deren Firmentreue und bedingungslose Loyalität zu sein scheint, ist möglicherweise genau das Gegenteil der Fall. Die Kollegen sind illoyal, sie haben Angst, sie sind wütend und enttäuscht. Sie treten aber alle gleich auf, um nicht aufzufallen und um sich so lange wie möglich hinter den anderen, ebenfalls durchgestylten Kollegen zu verstecken.

Ein ganz interessanter Gedanke! Denn jede These hat ja eine Antithese als unausweichliche Konsequenz. In diesem Fall hieße die Antithese: Die Seltsamen in der Firma, die Aus-der-Rolle-Faller, die »Verrückten«, die Individualisten, die Einzelgänger, die »Versponnenen«, die keinen Mainstream mitmachen und ständig ihr eigenes Ding durchziehen, die Meetings schwänzen und Vorstandsbeschlüsse ignorieren, die kommen und gehen nach Lust und Laune, die stets den Advocatus Diaboli spielen und damit den Laden aufhalten, das sind die wahren Leistungsträger, die Loyalen, die Stützen der Firma und die eigentlich Unentbehrlichen. Fällt Ihnen da jemand ein? Sind Sie vielleicht gemeint? Das wäre nicht verwunderlich. Denn bereits im Vorwort dieses Buches wurde ja festgestellt, dass Sie zu den Guten gehören.

Michael K. (32) ist so ein gestylter, scheinbar geklonter, kaum zu unterscheidender, äußerst hoffnungsvoller, zur Zeit vielleicht noch etwas unterschätzter Kollege, wie Sie ihn vermutlich auch kennen. K. arbeitet trotz seiner noch recht jungen Jahre als leitender Angestellter in einem börsengezeichneten Konzern, der mit immer neuen Internetauftritten jährlich einen zweistelligen Millionenbetrag Gewinn vor Steuern ausweist und der sein bereinigtes Betriebsergebnis jährlich um ca. 40 Prozent steigern kann. Zwar liest man immer wieder in den Wirtschaftsteilen der großen Zeitungen, dass diese phänomenale Entwicklung keinesfalls von Dauer sein könne und dass ein Großteil der bewundernswerten Zahlen nur auf Grund von mysteriösen Luftgeschäften zustande komme – sprich, »schöngeredet« sei – aber egal: Noch geht es dem Konzern sehr, sehr gut. Man jammert sozusagen auf hohem Niveau, wenn man denn jammert.

Michael ist der klassische Vertreter der heutigen jung-dynamischen Erfolgsgeneration. Sein Sprachschatz besteht zu zwei Dritteln aus Anglizismen, sein Outfit ist wie in den vorigen Kapiteln beschrieben absolut austauschbar, er fährt das richtige Auto, er hat die passende Freundin, sein Handicap ist akzeptabel und wohnen tut er auch noch im richtigen Viertel (Stuck, 220 qm, 2000 Euro kalt). So weit wäre also alles klar. Wenn man Michael aber etwas zu trinken gibt, wird er melancholisch und sagt Sätze wie diese: »Das ist doch ein Scheiß-Verein.« »Nur Verbrecher.« »Alle korrupt.« »Scheingeschäfte, Ausverkauf, falsche Investitionen, dilettantischer Vorstand.« »Die Fehler vom Vorstand baden die Kleinen aus, und der Vorstand kriegt 40 Prozent mehr.« »Die sparen total an der falschen Stelle. Das Betriebsklima ist im Arsch.« »Ich spiel das Spiel mit, aber im Herzen bin ich schon lange draußen.« »Ich fühle mich so alt.« »Eigentlich will ich das nicht mehr.« »Ich hab auch Angst, dass sie mich feuern.« »Ich merk das im Magen. Keine Leistung, und du bist ganz schnell draußen.« »Ich war schon beim Arzt. Der hat gesagt, ich bin infarktgefährdet. Ein Wunder ist das nicht. Wenn man doch immer Angst haben muss. Ich weiß mindestens zwei Leute, die sind jünger als ich und scharf auf meinen Job ...«

Alle geklont? Wohl doch nicht. Unterm maßgeschneiderten schwarzen Anzug schlägt mitunter ein ängstliches Herz, und unterm lackglänzend gegelten Haar machen sich traurige Endzeitgedanken breit. Die Jungdynamiker, sie altern früh.

95 | SOLLTE ICH AUCH SO WERDEN WIE DIE MEISTEN KOLLEGEN?

»Als ich noch der Chef war, hatte ich viele Freunde. Zwei von ihnen sind jeden Mittag mit mir essen gegangen. Wir haben uns immer auch viel privat unterhalten und uns gut verstanden. Ich hätte auch jederzeit auf sie zählen können. Dann schrieb unsere Abteilung schlechte Zahlen und ich wurde gefeuert. Nicht ganz aus der Firma, aber aus meinem Job. Ich war jetzt nur noch einer von ihnen. Es ist keiner mehr mit mir essen gegangen. Sondern jetzt gehen sie mit ihrem neuen Chef essen. Das hat mir sehr zu denken gegeben. Echte Freunde können das ja wohl nicht gewesen sein.«

Das sind nicht etwa die Worte eines Dorfdeppen, sondern die eines erwachsenen Managers mit über 20 Jahren Berufserfahrung. Aber wenn man das so liest, dann fasst man sich doch an den Kopf. Wie naiv ist der Mann gewesen? Oder wie einsam muss er in seinem Job gewesen sein, dass er zwei üble Arschkriecher für Freunde hielt – nur weil sie mit ihm essen gegangen sind? Und »auf sie zählen«, na ja. Super-Freunde sind das gewesen!

Die Frage aus der Überschrift ist eigentlich schlecht gestellt, denn sie lässt sich generell gar nicht beantworten. »Sollte ich auch so werden, wie die meisten Kollegen schon sind?« Gegenfrage: So ... was? So fies, so gemein, so gleichgeschaltet, so hinterhältig, so feige, so faul, so dämlich, so neidisch, so verlogen, so intrigant, so großkotzig, so verbissen, so verklemmt? Oder was?

Es ist bestimmt nicht gut für Sie, wenn Sie sich in der Firma verbiegen. Sie würden dann ein Magengeschwür kriegen und noch mehr leiden als heute. Bleiben Sie also genauso, wie Sie sind. Sie müssen weder gleichgeschaltet, feige, faul, dämlich, neidisch, verlogen, großkotzig, verbissen oder verklemmt werden. Aber ein bisschen fieser, gemeiner, hinterhältiger und intriganter könnten Sie schon sein, um endlich mal in dem Haifischbecken mitzuschwimmen. Bisher zählten Sie ja vielleicht eher zum Treibholz, oder?

96 | SOLL ICH MIR ETWA AUCH EIN NEUES IMAGE ZULEGEN?

Weil Sie zu den Guten gehören und zu den Leistungsträgern, haben Sie darüber bisher niemals nachgedacht und fest daran geglaubt, dass es auch ohne ein neues Image geht. Das aber war ein schwerer Irrtum! Ohne Ihr neues Image hat niemand vor Ihnen Angst. Und jeder glaubt, dass er Sie herumstoßen kann. Ja – genauso wie Ihre Kollegen brauchen auch Sie ein neues Image. Fangen Sie am besten gleich heute damit an!

Der erste Weg führt Sie in eine gute Boutique. Eine gute Boutique erkennen Sie daran, dass sie überteuert ist. Außerdem sehen die Verkäufer(innen) in einer guten Boutique alle so aus, als hätten sie auch schon ein neues Image. Wenn Sie ein Mann sind, nehmen Sie unbedingt eine Frau mit. Als Frau nehmen Sie am besten Ihre Freundin mit. Geben Sie in der Boutique so viel Geld aus, wie Ihnen die Bank gibt. Sagen Sie einfach, dass Sie in Ihre Zukunft investieren und deshalb Ihr Konto überziehen müssen!

Der zweite Weg führt Sie zum Friseur. Als Mann tippen Sie einfach auf ein Foto an der Wand vom Frisiersalon, da hängen doch immer so geschniegelte Typen, und sagen: »So. Genauso will ich auch sein.« Und rasieren Sie sich drei Tage nicht. Als Frau lassen Sie sich die Haare abschneiden. Wenn eine Frau ein neues Image haben möchte, fängt das nämlich immer mit Haareabschneiden an. Es führt deshalb kein Weg daran vorbei. Als Frau können Sie darüber hinaus noch über Ihre Haarfarbe nachdenken. Sehr oft stellt man fest, dass der Weg zum neuen Image über Strähnchen führt!

Der dritte Weg führt zum Spiegel in Ihrem Badezimmer. Wie würden Sie sich selbst beurteilen? Schaut Sie da etwa ein liebenswerter, sympathischer Zeitgenosse an? Das ist sehr, sehr schlecht. Üben Sie bitte so lange böse zu gucken, bis Sie gar nicht mehr nett aussehen können. Es ist für Ihr neues Image einfach wichtig, dass Sie einen gefährlichen Blick draufhaben! Ein bisschen Bruce Willis wäre nicht schlecht.

Der vierte Weg führt in den Wald. Es sollte eine ganz stille Gegend sein, wo Sie niemand hören kann. Sonst kommt am Ende noch

die Polizei. Hier üben Sie bitte, so laut wie möglich zu schreien. Es ist egal, worum es geht: Beschimpfen Sie Ihre Frau oder Ihren Mann, schreien Sie Ihre Kinder an oder einen Nachbarn, dem Sie schon lange mal die Meinung sagen wollten. Je lauter, desto besser. Wahrscheinlich konnten Sie bisher gar nicht so richtig laut schreien? Dann wird es aber Zeit.

Der fünfte Weg führt Sie nun in die Firma: Entweder unrasiert oder mit Kurzhaar und Strähnchen, auf jeden Fall mit neuen, sehr dynamischen Klamotten und natürlich mit dem besagten bösen Blick. Außerdem mit der Fähigkeit, so richtig laut zu werden. Die haben Sie ja trainiert, dort draußen im Wald.

Die Firma Anton Läufer bekam kürzlich einen neuen Chef. Aus seinem Arbeitszimmer sah er direkt auf den Kaffeeautomaten. Er sagte zu sich selbst: »Der Erste, der den Kaffee schwarz trinkt, fliegt raus.« Er musste nicht lange warten. Schon der vierte Kollege trank den Kaffee schwarz. Und der wurde prompt gefeuert.

Das ist natürlich paranoid und bescheuert, aber auch das uralte Gesetz des Dschungels. Der neue Chef hatte nie wieder Probleme, sich durchzusetzen. Er galt als knallhart und unberechenbar. Er hatte eine Atmosphäre der Angst geschaffen, die er für seinen eigenen Erfolg brauchte. Er hatte sich gleich von Anfang an ein ganz bestimmtes Image zugelegt.[*]

---

[*] *Wenn Ihnen das zu hart vorkommt, blättern Sie bitte zum Vorwort zurück und lernen es auswendig.*

97 | SCHREIBTISCH LEER ODER ÜBERFÜLLT, WAS KOMMT BESSER AN?

»Was ich an unserem Chef so toll finde, ist sein Schreibtisch. Der ist immer total leer. Da liegt eine Schreibmappe und das war's«, sagt Bernd B. (37), ein Versandhaus-Disponent. »Wenn ich mal Chef bin, mache ich das auch so. Es gibt einem doch irgendwie ein tolles Image, und das besagt: Ich delegiere alles.« Sein Freund arbeitet in einer Schlosserei. »Bei meinem Chef quillt der Schreibtisch über, und *das* ist sein Image. Es besagt: Seht doch her, was ich alles zu tun habe! Ich kann mich nicht auch noch um eure Scheiß-Kleinprobleme kümmern! Am Schreibtisch kann man genau sehen, ob jemand wichtig ist. Je voller, desto wichtiger.«

Zwei Schreibtische, zwei Meinungen. Auf jeden Fall lässt der Zustand des Schreibtisches Rückschlüsse auf die Psyche seines Bewohners zu, und erfahrene Vorgesetzte tun das auch. Hier der klar strukturierte Systemdenker, dem Unordnung zuwider ist – wahnsinnig kreativ wird er nicht sein, aber zuverlässig und berechenbar. Sein Schreibtisch ist abends natürlich aufgeräumt. Auf der anderen Seite der gutmütige Chaot. Er findet nichts auf Anhieb wieder, aber »irgendwo muss es sein«. Seine Arbeit macht er mit Verve und Emotion, aber unorganisiert, bestenfalls kreativ. Auf den muss man ein Auge haben. Vielleicht ist er sogar der Bessere. So denken Vorgesetzte. Und Sie können sich nun überlegen, zu welcher der beiden Kategorien Sie gern zählen möchten.

In der Vorstandsetage allerdings gelten andere Gesetze. Sie werden keinen Konzernchef kennenlernen, der vor lauter Aktenbergen seinen Besucherstuhl nicht sehen kann! Hier ist der penibel aufgeräumte Schreibtisch ein Muss. Dafür sorgt schon die perfekte Sekretärin.

98 | KANN MAN SEIN IMAGE MIT EINEM SABBATJAHR VERBESSERN?

Auf jeden Fall! Zunächst einmal signalisiert Ihr Kollege damit, dass für ihn der Job nicht alles ist. Das macht ihn zweifellos für Chefs interessanter. Zweitens zeigt er Weltläufigkeit, Aufgeschlossenheit und Abenteuersinn (Was wird er machen? Vielleicht mit dem Geländewagen durch Mexiko fahren oder im fernen Indien die innere Ruhe wiederfinden?). Drittens scheint er ja ziemlich sicher zu sein, dass er nach dem Sabbatjahr* wieder in den Job hineinkommt! Also ein Qualitätssiegel. Kollegen, die sich ein Sabbatjahr gönnen, sind sozusagen für die danach folgende Karriere prädestiniert. Sie werden meistens mit offenen Armen wieder aufgenommen. Aber Vorsicht: Nicht jeder, der ein Jahr im indischen Tempel meditiert hat, fühlt sich danach noch zum Rohrverlegen oder zum Bilanzenprüfen berufen! Es kann also leicht passieren, dass der Kollege zwar mit wärmsten Empfehlungen und dem Versprechen auf Wiedereinstellung ins Sabbatjahr entlassen wird – dort aber so heftig zu sich selbst findet, dass er nie wieder in seinen alten Job zurück will. Und unterm grau verhangenen deutschen Himmel lebt sich's von der schönen Erinnerung nicht so wahnsinnig komfortabel.

---

* Eine unbezahlte Auszeit, in der man mal was ganz anderes macht.

99 | UND WAS ZÄHLT MEHR: LEISTUNG ODER IMAGE?

Da es in jeder Firma überbezahlte Pfeifen gibt, die nichts weiter vorzuweisen haben als ein gutes Image[*] und die trotzdem Karriere machen, könnte man diese Frage kurz und knapp so beantworten: »Image zählt mehr als Leistung.« Ganz so einfach ist es aber zum Glück nun doch wieder nicht. Sicher ist: Nur mit Leistung bringt man es nicht weit. Sondern man bleibt womöglich lebenslang ein braves, unterbezahltes, unverzichtbares, zuverlässiges, gutmütiges, in allen Meetings gern gesehenes, ansonsten aber total unwichtiges Stück Firmenmobiliar.

»Und da haben wir noch den Herrn R.«, sagt der Unternehmensberater.[**] »Ich frage mich, was der eigentlich den ganzen Tag bei Ihnen macht.« Der mutige Kollege B. erwidert: »Wieso, der macht hier doch die ganze Arbeit! Ohne den bricht der Laden auseinander!«, woraufhin der Unternehmensberater erstaunt die Augenbrauen hochzieht: »Ach so? Das kann ja wohl nicht stimmen, bei *dem* Gehalt. Außerdem habe ich noch nie was von dem Mann gehört.« »Doch«, sagt B. »Der R. macht zwar keinen großen Wirbel, aber er schafft unheimlich viel weg. Schreiben Sie den bloß nicht auf Ihre Liste, sonst geht hier gar nichts mehr.« Der Unternehmensberater macht ein Fragezeichen hinter den Namen R. und nimmt sich vor, der Sache nachzugehen. Als er die Arbeitsplatzanalyse dann auswertet, stellt er fest: B. hat Recht. R. ist unverzichtbar. Nur hat er selbst verzichtet, auf das dazugehörige Image nämlich. Und deshalb hätte er fast seinen Job verloren. Eigentlich schade, dass er es nie erfahren wird ...

Optimal ist der echte Leistungsträger mit dem passenden Image. Ideal ist ein genialer Mix aus Können und Kino, aus Kompetenz und Kumpanei, aus Intelligenz und Intriganz, aus Heldenhaftigkeit und Hinterlist. Kollegen mit dieser Mischung können nämlich morgens aufrichtig in den Spiegel schauen. Sie sehen Können, Kompetenz,

---

[*]   *Zum Beispiel als harter Hund, als Menschenschinder oder als Liebling vom Chef*
[**] *Sein Auftrag lautet: 10 Prozent Personalkosten einsparen.*

Intelligenz und Heldenhaftigkeit. Kino, Kumpanei, Intriganz und Hinterlist sind nur ihre legalen Waffen im Kampf gegen die Bösen. Was also zählt: Leistung oder Image? Beides zusammen zählt. *Das* ist die richtige Antwort.

10. TEIL:
DIE KOLLEGEN UND IHRE WEICHTEILE

100 | WIE TÖTET MAN GROSSMÄULIGE VERSAGER?

Schluss mit Schmusekurs. Dieser Teil wird fies. Bisher haben wir Schwachköpfen, Luschen und Versagern gegenüber eine geradezu christliche Milde walten lassen. Sie hingegen haben die ganzen neun Teile hindurch permanent daran gearbeitet, selber zum Arschloch zu werden! Jetzt benehmen Sie sich bitte auch so.*

Zwar zählen Sie immer noch zu den Guten und zu den Leistungsträgern in der Firma, aber jetzt gehören Sie auch zu den Gefährlichen und, wenn's denn sein muss, auch zu den Gemeinen. Also muss nun ausgelotet werden, *wie* fies Sie wirklich sein können. Möchten Sie zum Beispiel einen großmäuligen Versager in Ihrer Firma am liebsten töten? Wenigstens beruflich? Schauen Sie mal, wie andere das machen.

Ingmar K. ist Unternehmensberater, aber nicht selbstständig, sondern in einem großen Konzern tätig. Nicht bei der Nummer eins, aber immerhin. Zweifellos ist das eine Branche, in der viel gearbeitet und dementsprechend noch mehr intrigiert wird. Eine ganz gefährliche Branche, wo man schon sehr ausgeschlafen antreten muss! Als es Probleme gab, entschied sich Elmar K. für die Flucht nach vorn. Er richtete Kollegen öffetlich hin.

»Da muss schon ganz schön viel Druck auf einem lasten, bis man Kollegen so in die Pfanne haut, aber bei mir war es notwendig. Ich war schwer unter Beschuss. Von oben wurde ich geknechtet und quasi für alles verantwortlich gemacht. Links und rechts von mir in den anderen Abteilungen hatte ich nur Pfeifen, die nicht mitgezogen haben. Unter mir war nicht mehr viel. Was sollte ich machen? Einer springt über die Klinge, das war klar. Aber sollte das wirklich ich sein …? Mein Befreiungsschlag war eine kleine Ansprache in einem Meeting mit den obersten Chefs. Ich habe ganz normal mit meinem Geschäftsbericht angefangen und dann gesagt, dass ich noch

---

* *In diesem zehnten Teil werden besonders fiese Methoden von hinterhältigen Kollegen wiedergegeben. Es handelt sich ausdrücklich nicht um Empfehlungen, die eines wahren Leistungsträgers würdig sind.*

einige Grundsatzanmerkungen zu machen habe. Da bin ich dann – ganz leise und mit sanfter Stimme – auf die mangelnde Loyalität von einigen Kollegen eingegangen. Ich habe gesagt, dass unser Vorstand mehr erwartet, als manch einer leistet. Und dann habe ich drei Namen genannt. Jeweils mit einem Beispiel aus der Praxis, wo die versagt hatten. Undenkbar! Das hatte es noch nie gegeben! Die drei Kollegen saßen total erstarrt da. Es gab keine Gegenwehr.

Allerdings hat keiner von denen jemals wieder ein Wort mit mir gesprochen. Der Auftritt war wochenlang Gesprächsthema in der Firma. Die meisten haben mich geschnitten; nur ein paar Arschlöcher haben meine Nähe gesucht. Aber der Druck von oben, der ist danach weggeblieben, und zwei von den Betroffenen sind inzwischen gefeuert. Ich würde das noch einmal so machen. Es hat mich befreit, es hat mich mutiger gemacht, und es hat mir letztlich auch den Arsch gerettet. Aber fair war es nicht, das weiß ich. Man macht so etwas nicht. Eigentlich.«

»Man macht so was nicht.« Was soll diese Schlussbemerkung? Ein herber Rückschlag auf dem erfolgreichen Weg zum Arschloch! Was »man« macht, muss Ihnen künftig scheißegal sein. Wenn Sie als gefährlich gelten wollen, müssen Sie Grenzen überschreiten. Entscheiden Sie sich: Fies und erfolgreich oder fair und »ferner liefen«?

101 | WIE RUINIERT MAN DEN RUF VON KLATSCHTANTEN?

Böses Geschwätz von Klatschtanten in der Firma ist wie Brenn-nesseln. Sehr schwer auszurotten, kommt immer wieder, und man kriegt nie die Wurzeln zu fassen. Hier hilft nur ein echtes, starkes, scharfes, verbotenes, obergiftiges Gift. Aber auch das wirkt nur für eine Saison. Dann müssen Sie den Boden aufs Neue verpesten. Oder Sie mögen Brennnesseln.

Was jeder Kleingärtner aus der Parzelle kennt, war Ihnen unbe-kannt? Ja, wie naiv sind Sie denn bisher zur Arbeit gegangen? Von allein verschwindet keine Brennnessel. Von allein hört die Klatsch-tante nicht mit Klatschen auf. Im Gegenteil: Beide – Brennnesseln und böser Tratsch – vermehren sich ebenso hemmungslos wie un-kontrolliert. Es gibt zehn verschiedene Tratsch-Gift-Sorten. Hier sind sie (jeweils mit Bewertung):

1. Die Klatschtante unter vier Augen zur Rede stellen (Erfolgschance: Gleich null; die Klatschtante wird alles leugnen und weiter klat-schen. Vorteil: Das ist ein faires Tratsch-Gift).

2. Böse Gerüchte über die Klatschtante in die Welt setzen, bis sie mit Tratschen aufhört (Erfolgschance: Gering, denn Tratsch er-zeugt Gegentratsch. Vorteil: Sie haben sich wenigstens ein biss-chen gerächt).

3. Die Klatschtante beim Vorgesetzten anschwärzen (Erfolgschance 50:50. Nachteil: Die Klatschtante wird sich grausam rächen).

4. Die Klatschtante vor versammelter Mannschaft öffentlich laut-stark zur Sau machen und dabei tief unter die Gürtellinie gehen (Erfolgschance: Sehr hoch, aber Sie müssen vorher das richtige Betriebs-Hassklima gegen die Klatschtante schüren).

5. Sich schriftlich (per Hausmitteilung o.ä.) gegen den Tratsch weh-ren (Erfolgschance: Gleich null; man wird den bösen Gerüchten der Klatschtante jetzt erst recht Glauben schenken).

6. Körperlich aktiv werden, der Klatschtante also unvermittelt eins vors Maul hauen (Erfolgschance: Recht hoch. Nachteil: Sie ris-kieren Ihren Arbeitsplatz).

7. Die Klatschtante unter vier Augen zusammenbrüllen, bis sie weint oder davonläuft (Erfolgschance: Nicht schlecht. Nachteil: Sie haben keine Zeugen und die Sache spricht sich nicht so schnell herum, wie Sie das möchten).

8. Die Klatschtante mit feinsinnigen zynischen Bemerkungen lächerlich machen (Erfolgschance: Mäßig. Vorteil: Sie haben die Lacher auf Ihrer Seite).

9. Die Klatschtante zur Komplizin machen, also mit ihr gemeinsam über andere Kollegen herziehen (Erfolgschance: Sehr hoch. Nachteil: Sie könnten täglich kotzen).

10. Die Punkte 2 und 4 kombinieren, alle paar Tage zur Abwechslung Punkt 7 anwenden und täglich zum Feierabend Punkt 8 (Erfolgschance: Sehr hoch, Nachteile: keine).

102 | WIE LAUT MUSS MAN SCHREIEN KÖNNEN?

Eines der schlimmsten Haifischbecken, mit denen wir bei den Recherchen für dieses Buch zu tun bekamen, ist die Vertriebszentrale des XY-Konzerns. Hier arbeiten ca. 350 Leute mit geschliffenen Messern quer im Mund. Üble Gerüchte und Verleumdungen blühen auf den in sanftem Gelb gestrichenen Fluren wie Butterblumen auf einer nordfriesischen Deichwiese im Mai. Jeder ist jedes Kollegen Todfeind. Die Hierarchie ist streng und nicht gerecht; es gibt zu viele Häuptlinge und zu wenig Indianer, zu viele Titel und zu wenig Anpacker. Seit ein Unternehmensberater das Konzernziel »12 Prozent Kostenreduzierung auch im Personalbereich« mit knallharten Konzepten radikal durchsetzt, ist die Stimmung noch schlechter als vorher. Mitten in dieser beschaulichen Kuschelecken-Landschaft sagt ein leitender Angestellter: »Wie laut man schreien kann, ist egal. Hauptsache, man übertönt den Feind.«

Der Mann hat Recht. Auf richtig laute Schreiereien sollte man sich nur dann einlassen, wenn man ganz sicher sein kann: Man hat den längeren Atem und die lautere Stimme, und man braucht weniger Sprechpausen als der Gegner! Wobei das mit dem längeren Atem wörtlich gemeint ist: Wer beim Schreien ständig nach Luft schnappt, macht Schreipausen. Und in die kann der Gegner seinerseits hineinschreien. Sehr viel abgucken kann man sich bei Politikern, die in Talkshows bekanntlich Sekunden schinden: Egal, was sie sagen – Hauptsache, sie werden gehört. Sobald die Moderatorin sie unterbrechen will, führen sie nur »ganz schnell noch« den Satz zu Ende und machen nun gar keine Sprechpausen mehr, um eine Sekunde nach der anderen herauszuholen. Stellen Sie sich das dreimal so laut vor und Sie haben den idealen Schreier! Er braucht weniger Luft, er ist lauter und er kann in längeren Sätzen schreien als der Feind. Super: *Die* Schreierei gewinnt er.

Ach, übrigens: Auch dem Ideal-Schreier gehen irgendwann Luft und Argumente aus. Genau das ist der Moment, in dem er das Zimmer verlässt und die Tür von außen zuknallt. Profis in Sachen Leute zusammenschreien tun dies deshalb a) immer in fremden Büros, nie

im eigenen, und b) immer in der Nähe der Zimmertür, möglichst mit der Hand auf der Klinke – je nach Verlauf der Schreierei kann man die Tür beim Schreien öffnen (hoher Publikumseffekt, später viel Applaus!) oder schließen (falls der Gegner doch lauter werden kann, als man das erwartet hatte).

103 | WIE REIZT MAN ZICKEN BIS ZUR WEISSGLUT?

Arrogante Zicken machen in der Firma nicht nur den Männern das Leben schwer. Oftmals leiden die Kolleg*innen* noch viel mehr. Denn Zicken haben was gegen andere Frauen. Glauben Sie nicht, Frauen würden untereinander weniger zimperlich miteinander umgehen! Männer können sich vielleicht gar nicht vorstellen, dass da mit ebenso fiesen Waffen gekämpft wird.

Als Mann hat man es nicht schwer, eine Zicke zur Weißglut zu reizen. Da reichen die üblichen männlichen Macho-Ungezogenheiten vollkommen aus: Man starrt sie gierig an, man gähnt sie an (natürlich ohne Hand vorm Mund), man kratzt sich am Sack oder wechselt mitten in ihrer Zickerei so abrupt das Thema, dass der Zicke die Luft wegbleibt. Man kann der Zicke auch ein nettes Kompliment machen, z.B. »Hübsche Bluse, erinnert mich sehr an meine Mutter« oder so. All das reizt die Zicke so sehr, dass sie schon nach wenigen Minuten die Kontrolle über sich verlieren wird. Ihre Stimme wird noch schriller, als sie ohnehin schon ist. Sie vergreift sich in der Wortwahl. Sie läuft rot an. Sie ist gereizt bis aufs Messer. Und die erste Pause, die sie einlegt, ist die richtige Sekunde für den gnadenlosen Todesstoß.

Natürlich muss man erst einmal schauen, wie wichtig die Zicke ist. Wenn Ihr Konzern also eine Zicke als Vorstandsvorsitzende hat und die gerade dabei ist, Sie in den schrillsten Tönen zur Sau zu machen, sollten Sie vielleicht doch lieber nicht gähnen und sich dabei am Sack kratzen. Es könnte in gewisser Weise kontraproduktiv sein. Und lassen Sie auch das mit Ihrer Mutter.

Frauen haben es mit Zicken besonders schwer. Weil in jeder Frau eine kleine Zicke steckt, kennt die Zicke natürlich die gängigen weiblichen Abwehrtricks und ist bestens darauf vorbereitet. Als Frau hat man nur drei Chancen gegen die Zicke: Entweder man macht sie sich zur Komplizin, oder man ordnet sich ihrer Zickerei unter – oder man verhält sich noch zickiger als zickig, bis es zum ultimativen Showdown kommt. Das allerdings erfordert einen ziemlich langen Atem. Können Sie wirklich eine Zicke besiegen? Lassen Sie es, wenn Sie unsicher sind.

104 | WIE BRINGT MAN KOLLEGEN ZUM STOTTERN?

»Indem man ihre Schwächen kennt und die öffentlich macht – genau dann, wenn sie es nicht erwarten«, sagt der bereits vorhin erwähnte leitende Angestellte des XY-Konzerns, der in einem wahren Haifischbecken arbeitet. So eine Schwäche könnte zum Beispiel eine gewisse, wenn auch sozial voll akzeptierte Alkohol- oder Kokainabhängigkeit sein, verräterisch angeklickte Schlüpfrig-Seiten auf dem Firmen-PC, die Vorliebe für Praktikantinnen, die fremdgehende Gattin, die gelegentliche Mitnahme von Firmeneigentum (z.B. einem Packen Kopierpapier für den heimischen Drucker) oder auch das Kind auf der schiefen Bahn (Hasch?). Alles ist erlaubt, um einen missliebigen Kollegen zu outen. Sie haben es selbst in der Hand, ob Sie gewinnen oder ob er gewinnt! Entwickeln Sie Fantasie und kriminelle Energie und machen Sie Bosheit und Hinterlist zu Ihrer hervorstechenden Eigenschaft. Nur eines dürfen Sie niemals haben: Mitleid.

Unser Kronzeuge sagt: »Wer nichts über den Kollegen weiß und auch nichts über ihn in Erfahrung bringt, der kann ihn auch schwerlich aus der Ruhe bringen. Deswegen muss man sich schon ein bisschen anstrengen. Manchmal muss man sogar Stasi-Methoden beherrschen. Aber was wollen Sie: als ehrlicher Leistungsträger im Haifischbecken gefressen werden oder mit fast legalen Tricks eine überflüssige Lusche aus dem Weg räumen? So müssen Sie das sehen.«

105 | WIE BRINGT MAN KOLLEGINNEN ZUM HEULEN?

Das lassen wir Frauen beantworten. Hier einige Antworten aus den verschiedensten Branchen:

»Jede von uns hat eine Problemzone. Der Busen, die Hüften, die Beine, der Po. Man muss rausfinden, welche Problemzone die betreffende Person hat, und dann reitet man jeden Tag darauf herum. Mal ganz direkt und unverschämt, mal ironisch und zynisch. Für Frauen gibt es nichts Schlimmeres. Wetten, die heult bald.«

»Die meisten können es nicht ertragen, wenn man sie anschreit. Sie wollen zwar so behandelt werden wie Männer, aber nicht im Streit. Ganz viele fangen sofort an zu heulen, wenn ein Mann so richtig laut wird. Und wenn er dann weiter schreit und gar nicht mehr aufhört, dann ist ihre Selbstbeherrschung total dahin. Frauen sind echt schrecklich. Überhaupt nicht belastbar.«

»Frauen muss man quälen, dann weinen sie sofort. Zum Beispiel das Schreibtisch-Schloss mit Sekundenkleber dichtmachen, Rohrreiniger in die Blumen kippen, Fotos auf den Boden schmeißen und heimlich das PC-Passwort ändern. Wir wollten eine wegmobben, die hat am Ende schon geweint, wenn sie nur zur Arbeit gekommen ist.«

»Man muss Frauen nur die Wahrheit sagen. Die meisten können zwar mit Komplimenten umgehen, aber nicht mit Kritik. Sag mal zu einer Frau: Das ist absolut Scheiße, was du da erzählst. Du hast keine Ahnung, also halte dich zurück. Die geht doch sofort aufs Klo und heult sich erst mal aus.«

106 | WIE MACHT MAN KOLLEGEN EINSAM?

1. Die Komplott-Methode

Keiner betritt mehr sein Zimmer. Wer bei ihm vorbeigeht, macht sofort seine Zimmertür von außen zu. Wenn er einen Raum betritt, sind grundsätzlich alle still. Egal, bei wem er anruft: Er wird sofort wortlos weiterverbunden. Und es ist ab sofort verboten, in der Kantine mit ihm an einem Tisch zu sitzen.

2. Die Rufmord-Methode

Setzen Sie ein schlimmes Gerücht in die Welt, das ruhig unglaublich sein kann. Sorgen Sie für die blitzschnelle Verbreitung des Gerüchtes. Geben Sie die Parole aus, dass man mit »so einem« ja wohl nicht mehr verkehren könne.

3. Die Spitzel-Methode

Sammeln Sie Beweise, dass der betreffende Kollege ein Agent vom Chef ist (oder »schaffen« Sie solche Beweise).

4. Die Primitiv-Methode

Schneiden Sie den betreffenden Kollegen von Kommunikation jedweder Art radikal ab (aus Mailverteilern löschen, Radiokabel klauen, Telefon abklemmen usw.). Oder wählen Sie die für diesen speziellen Fall passende Kombination aus den vier Methoden.

107 | WIE FIES DARF MAN ANGREIFEN?

»Immer einen Schritt weitergehen als die fiesen Kollegen«, sagt der leitende Angestellte aus dem XY-Konzern. »Aber immer nur einen drauflegen und nie mit der Kanone auf Spatzen schießen. Wissen Sie, in vielen Firmen wird ja auf lächerlich niedrigem Niveau gefightet. Da gibt es mal eine spitze Bemerkung oder auch mal eine Schreierei – und schon glaubt jeder, er schwimmt im wahren Haifischbecken. Quatsch, das sind Schmuse-Streitigkeiten! Da muss man nicht gleich den Hammer rausholen, da kann man auf kleiner Flamme kochen. Deswegen sage ich: Gehe immer nur einen Schritt weiter als die Bösen. Denn eins ist ja auch klar: Je gemeiner du dich verhältst, desto härter kann der Rückschlag sein. Und die Minimierung des eigenen Risikos sollte bei jeder fiesen Intrige unbedingt oberstes Gebot sein. Unbedingt die Eigensicherung beachten.«

Einer seiner Kollegen möchte den Begriff erst einmal definieren: »Was ist denn ein bisschen fies, sehr fies oder ganz besonders fies? Ich kannte Leute, die waren Opfer einer Mini-Intrige und haben dadurch ihren Spitzenjob verloren, und ich kenne andere, die einen echten Super-Hammer fast ohne Probleme überlebt haben. Einer von uns war zum Beispiel schwer korrupt. Der hat sich einladen lassen, ist durch die Welt geflogen, hat Geschenke angenommen, alles auf lau und für irgendwelche Gefallen, die er den Kunden getan hat. Er war fünf Jahre bei uns in einem Spitzenjob und es hat keinen interessiert; dann allerdings wurde sein Treiben doch zu bunt und er musste gehen. Aber alles auf lieb und ohne Stress. Der andere, an den ich gerade denke, hatte eigentlich gar nichts gemacht. Ein guter Arbeiter, Leistungsträger, belastbar, hart und fair. Der fuhr auch auf der Gewinnerstraße, aber irgendwann hat jemand unserem Konzernchef was ins Ohr geflüstert. Nur eine Kleinigkeit. Die war erfunden. Da war Neid im Spiel. Gefeuert! Über Nacht! Ohne Beweise! Nicht mal gefragt hat man ihn! Also, was ist fies?«

Die meisten befragten Arbeitnehmer sagten uns: »So fies wie nötig und so wenig fies wie möglich.« Aber das ist halbherzig und kann deshalb schwer in die Hose gehen. Man kann Arschlöcher nicht mit

Samthandschuhen anfassen, weil sie zurückbeißen werden. Und es gibt keinen halben Sieg.

Vergleichen Sie das Vorgehen Ihres fiesen Kollegen doch einfach mit dem Angriff eines Räubers, der gern Ihre Brieftasche haben möchte (der Kollege will Ihren Job, was ja aufs Gleich hinausläuft). Sie werden im Fall des Räubers klugerweise Folgendes tun: Erstens checken Sie ab, ob der Mann stärker ist als Sie. Wenn ja, geben Sie ihm Ihre Brieftasche. Wenn nein, hauen Sie ihm aufs Maul. Also, Sie wehren sich.

Im Job werden Sie sich auch nur wehren, wenn Sie eine Chance haben. Sonst nicht. Aber zurück zum Räuber. Sie haben ihm nun eine aufs Maul gehauen, und was machen Sie jetzt? Drehen Sie sich um und gehen weiter, als wäre nichts passiert? Natürlich nicht! Der Räuber könnte sich ja kurz schütteln, sein Messer ziehen, Ihnen hinterherlaufen und Sie von hinten erstechen. Also?

Sie hauen ihm natürlich nicht nur aufs Maul. Sondern Sie legen ihn flach, brechen ihm zur Not die Knochen, knien sich auf ihn und warten, bis jemand zu Hilfe kommt. Erst dann können Sie sicher sein, dass Sie der Räuber kein zweites Mal angreifen wird.

Übertragen Sie jetzt bitte das einleuchtende Handeln beim Raubüberfall auf den Versuch, Ihnen den Job zu rauben. Sie werden sich die Frage aus der Überschrift dann ganz leicht selbst beantworten können.

108 | WIE KRIEGT MAN DIE SCHWACHSTELLEN DER KOLLEGEN RAUS?

Für Haifischbecken-Anfänger gilt: Umhören. Hier was aufschnappen, dort was heraushören. Immer schön hinhören und sich alles gut merken. Missglückte Projekte, private Schwierigkeiten oder längst vergangene üble Gerüchte sind wie süße Beeren im Körbchen des Schwachstellensammlers. Irgendwann kommt der Tag, an dem man all diese kleinen realen oder vermeintlichen Schwachstellen für den großen K.o.-Schlag gut wird gebrauchen können, und bis dahin geht man null Risiko ein.

Für Haifischbecken-Fortgeschrittene gilt: Körpersprache beobachten. Der eine schaut kurz zur Seite, wenn er unsicher wird, und lügt erst dann. Der andere bekommt eine rote Stelle am Hals, wenn er Gefahr wittert. Dem dritten zittert unmerklich die Hand. Der vierte hüstelt. Der fünfte gewinnt Zeit, indem er mit (immer denselben) Floskeln Sekunden schindet und sich die beste Ausrede zurechtlegt. Der sechste kann es nicht ertragen, angebrüllt zu werden. Der siebte duckt sich automatisch, wenn er ein imaginäres Damoklesschwert über sich entdeckt. Der achte fängt sofort wie ein Löwe zu brüllen an; auch das ist eine Schwachstelle – wenn man selber noch lauter brüllen kann und vor allem den längeren Atem hat. Denn man brüllt einen Kollegen niemals kurz und schmerzhaft zusammen, sondern man brüllt bis zum letzten Quäntchen Lungenvolumen!

Für Haifischbecken-Meister gilt: selber Schwachstellen schaffen. Durch bewusste Überforderung, durch selbst gestreute Gerüchte oder durch massive Sabotage der Arbeit. Dem Meister ist nichts heilig. Er ist von Grund auf schlecht, fies und gemein. Das Wohl der Firma ist für ihn zweitrangig. Er fragt immer erst, was für *ihn* gut sein könnte. Wie eine Zecke saugt er das Muttertier namens Firma aus, aber er lässt sich danach nicht fallen – sondern er wächst, bis er platzt. Oder selber Chef ist.

109 | WIE KRIEGT MAN DAS MITLEID DER KOLLEGEN?

Nur die Schwachen wollen Mitleid. Die Starken wollen Furcht. Falls es aber einen speziellen Grund gibt, warum auch Sie bei Ihren Kollegen vorübergehend mal auf Mitleid zocken möchten – obwohl Sie doch fraglos zu den Guten, zu den Leistungsträgern zählen –, hier das Umfrage-Ergebnis, mit wem/was die meisten Kollegen noch am ehesten Mitleid bekommen:[*] Probleme von Alleinerziehern, Foul-Opfer beim Fußball geworden, Menstruation hat eingesetzt, Lieblingsclub hat verloren, Migräne, Lappen weg, Fischvergiftung, vom Freund verlassen, schnell wachsenden Leberfleck mit unklarer Begrenzung entdeckt, von der Frau betrogen, Auto kaputt, stechender ausstrahlender Druck auf der Brust, Tier muss zum Arzt, gestern schwer gefeiert und im Puff gelandet, bisher unbekanntes uneheliches Kind will studieren und verlangt Unterhalt, akutes Zahnweh, vom Ehemann geschlagen, woanders beworben und abgelehnt, Hexenschuss, Kind treibt sich rum, vom Chef angeschissen worden, keinen Parkplatz gefunden, geblitzt worden, Arzt hat Geschwür ertastet und schickt Probe ein, Auffahrunfall verursacht, B-Test nach ONS[**] positiv, hochhackige Schuhe drücken, Elternteil gestorben, Kündigung bekommen.

Und wenn Sie sich manchmal mies fühlen: Es gibt Kollegen, denen passiert das meiste davon gleichzeitig …

---

[*] Frauen und Männer machen total unterschiedliche Angaben, die hier zu einer Hitliste zusammengefasst wurden.

[**] ONS = One-Night-Stand

110 | UND WIE KANN MAN DIE EIGENEN WEICHTEILE SCHÜTZEN?

Natürlich sind auch Sie verletzlich. Diese goldenen Regeln können Ihre Weichteile schützen:

1. Geben Sie möglichst wenig Privates von sich preis.
2. Vertrauen Sie niemandem.
3. Gehen Sie möglichst wenig mit Kollegen aus und wenn, dann trinken Sie nur Mineralwasser.
4. Erzählen Sie nie etwas weiter, was Sie von Kollegen wissen.
5. Lassen Sie sich auf keine Seilschaft ein und werden Sie niemals Teil eines Netzwerkes.*
6. Freunden Sie sich nie mit Kollegen an.
7. Gehen Sie niemals mit jemandem aus der eigenen Branche ins Bett.
8. Zeigen Sie viel Leistung und null Emotion.
9. Meiden Sie Weihnachtsfeiern.
10. Notieren Sie alles, was in der Firma passiert – am besten stündlich. Irgendwann werden Sie das alles nämlich sehr gut gebrauchen können.

---

* Die Vorteile von Seilschaft und Netzwerk wurden in Teil 8 beschrieben. Es gibt eben kein Rezept ohne Risiken und Nebenwirkungen.

111 | SCHLUSSFRAGE: STIRBT MEIN KOLLEGE AM RENTENSCHOCK?

Das ist eine der am schwersten zu beantwortenden Fragen des ganzen Buches. Denn wenn man mit 100 Rentnern darüber spricht, bekommt man 100 verschiedene Antworten. »Den« Rentner gibt es heute längst nicht mehr. Aber es gibt viele Hinweise, was wohl mal aus einem Kollegen werden könnte, wenn er das Rentenalter erreicht – Hinweise, die man bereits während der letzten Jahre seiner Berufstätigkeit zu einem ganz interessanten Zukunfts-Puzzle zusammensetzen kann. So nebenbei werden Sie sich selbst auch fragen, zu welchem Typ Sie eigentlich gehören.

1. Der »Ich hab mein Leben der Firma geopfert«-Typ. Man kann mit ihm eigentlich nur über die Firma sprechen. Er hat offenbar keinerlei andere Interessen und auch keinen Plan, was er mit 65 anfangen will. Seine Ehe ist meistens eine Farce, da er zeit seines Lebens mit der Firma verheiratet gewesen ist. Prognose: Lebt nicht mehr lange. Fällt ins Rentenloch, verfällt körperlich, weiß gar nichts mit sich anzufangen. Nervt seine Frau, nörgelt herum, ist unausgefüllt, missmutig und stets schlecht gelaunt. Denkbar schlechte Rentenprognose, also aus Politikersicht der optimale Rentner (wird nicht viel aus der Rentenkasse kriegen, stirbt früh am Rentenschock).

2. Der »Wenn ich erst mal auf Rente bin«-Typ. Jedes Gespräch mit ihm landet zwangsläufig bei seinem Hobby. Das kann ein Urlaubsland sein, ein Wohnmobil, ein Schiff oder der Kleingarten. Dieser Typ ärgert sich bereits die letzten zehn Jahre seiner Berufstätigkeit, dass er immer noch nicht 65 ist. Er träumt jede Nacht von alledem, was er auf Rente machen wird. Nämlich nur noch seinem Hobby nachgehen. Er ist in der Lage, den Ausbau seiner Modellbahnanlage um weitere zwei Quadratmeter zum Objekt seiner absoluten Glückseligkeit zu erklären, und Sie hätten einen Freund fürs Leben, wenn Sie nur ein einziges Mal dieses Wunderwerk der Technik bei ihm zu Hause besichtigen würden! Nur will das natürlich keiner. Prognose: Hat eine recht beschauliche Rentnerzeit vor sich, könnte gut und gerne 80 werden. Die Frau ist zufrieden: Bisher war er in der Firma und hat nicht genervt, jetzt sitzt er im Hobbykeller und nervt

ebenfalls nicht. Problem: Es gibt sehr, sehr viele Leute um die 60, die »hinterher« wahnsinnig spannende Sachen vor sich haben und die mit ihrem Wohnmobil dann doch kaum über die Stadtgrenze hinauskommen. Weil sie mit ihrer neu gewonnenen Freiheit letztendlich nichts anfangen können. Abenteuergeist zum Beispiel ist in der Theorie eine feine Sache, aber in der Praxis bedeutet jedes Abenteuer Mückenschwärme, sengende Hitze, abnorme Kälte oder andere Risiken, die in den Träumen leider nicht vorgekommen sind.

3. Der »Ich zeig's euch allen«-Typ. Es ist auffällig, dass er in den letzten Jahren seiner Berufstätigkeit ständig neue Kontakte knüpft, Gespräche führt, neue Technologien erlernt und ein derartiges Interesse an der Branche entwickelt, dass man sich als jüngerer Kollege fragt: Was will der noch mit all dem neu Erlernten? Ganz sicher: Der macht sich selbstständig und wartet nur darauf, dass er 65 ist. Uns sind Fälle bekannt geworden, in denen 60-Jährige still und heimlich gleich vier oder sogar fünf verschiedene Firmen gegründet haben – in der Hoffnung, dass eine davon schon florieren wird, wenn sie endlich auf Rente sind. Prognose: Diese cleveren Kandidaten haben gar nichts von ihrer Rente, sondern sie machen einfach so weiter. Nur eben selbstständig. Man trifft sie irgendwann wieder, braungebrannt und strahlend, als erfolgreiche Unternehmer mit der soliden Chance auf weitere 30 Jahre Berufstätigkeit. Problem: So richtig entspannen können die niemals. Aber will man denn entspannen, wenn man selbstständig ist und eine geile Geschäftsidee hat?

Eines Tages sind Sie auch dran. Und zwar ungefähr fünf Jahre, nachdem Sie in der Firma Ihren sechzigsten Geburtstag gefeiert haben. Sie sollten sich schon jetzt überlegen, zu welchem Rentner-Typ Sie danach gehören möchten. Sie wissen jetzt, »wie die lieben Kollegen ticken« und was mit denen nach 65 passiert. Nun ist es Zeit für eine mindestens ebenso spannende Frage: Wie ticken *Sie* auf Rente?

NACHWORT

Der liebe Kollege: ein Arschloch. Die richtige Strategie: fies werden und gemein. Der beste Rat: keinem vertrauen. Der netteste Trost: Anderen geht's noch schlechter als dir. Der Tipp für die Zukunft: ja keine Schwäche zeigen. Das einträglichste Hobby: Kollegen bespitzeln. Der größte Fehler: lieb sein.

Als ich im Juni 2007 mit meinem Recherchen-Team begann, über 1000 Arbeitnehmer anonym in kleinen Gesprächsrunden und im Internet nach den Abläufen und geheimen Wahrheiten in ihrer Firma zu befragen, hatte ich von dem zu erwartenden Ergebnis noch keine klare Vorstellung. Viele Menschen – auch in meinem privaten Umfeld – bezeichnen die Atmosphäre in ihrer Firma ganz aufrichtig als »nett«, »kollegial«, »fair« oder »akzeptabel«. Niemals hätte ich gedacht, dass so viele Arbeitnehmer anonymisiert eine derart geballte Ladung Frust und Empörung in den Interviews abladen würden.

»Was meint ihr: Wie viel Prozent der deutschen Arbeitnehmer gehen eigentlich morgens gern in die Firma, also weil ihnen der Job Spaß macht?«, so fragte ich in die Runde, als ich mit zwölf echten Malochern zusammensaß. Die Antwort kam unisono: »Null Prozent.« Da habe ich schon mal sehr gestaunt. Null Prozent? Ist das die Wahrheit im »Haifischbecken namens Firma«?

Zunächst dachte ich: Das ist ein Spezialproblem in schlecht bezahlten Arbeiterjobs, wo man stets vor der Alternative steht: arbeiten gehen und wenig verdienen oder arbeitslos melden und kaum weniger kriegen. Aber das stellte sich als Irrtum heraus. Auch »oben«, wo die Leute dicke Autos fahren können und mit weißem Kragen nach Hause kommen, sitzt der Frust offenbar tief und die Stimmung ist unterirdisch schlecht. Neid und Missgunst, Hass und Arschkriecherei herrschen oben wie unten. Die Idylle von der angenehmen Arbeitsatmosphäre mit Menschen, die sich für ihre Firma noch so richtig engagieren, ist anscheinend ein Phantom. Es steht schlecht um die Arbeitsmoral in deutschen Firmen.

Aber jetzt schreibe ich das Nachwort, und da können wir uns ein bisschen Versöhnlichkeit leisten. Also es gibt ihn: den lieben Kollegen, mit dem wir abends gern noch ein Bierchen trinken gehen. Und es gibt sie: die liebe Kollegin, mit der wir Geheimnisse teilen und

nach Feierabend shoppen gehen können und die uns niemals enttäuschen würde. Schließlich: Es gibt auch nette Firmen, in denen Intrigen und Gemeinheiten kein Thema sind, wo ein schönes heiles Team zum Wohle der Gemeinschaft wirkt und alle sich gut vertragen. Ich wollte darüber eigentlich noch einige Zeilen verlieren, aber entschuldigen Sie mich: Mir wächst gerade eine verdammt lange Nase.

Hamburg, im Sommer 2008

Hauke Brost
www.haukebrost.de

Danksagung

In meinen letzten Büchern habe ich mich am Schluss bei allen bedankt, die besonders wertvolle Beiträge zu den Manuskripten geliefert hatten. Die Danksagungen am Ende der Bestseller »Wie Männer ticken«, »Wie Frauen ticken« und »Wie Teenies ticken« waren deshalb ziemlich lang. Diesmal mache ich es kurz.

Es gibt eine Frau, die in den letzten Monaten verdammt wenig von mir hatte. Weil ich eigentlich ständig an diesem Buch gearbeitet habe. Je mehr ich arbeiten musste, desto mehr hat sie mir meine Ruhe gelassen. Sie hat nie geklagt. Nie gejammert. Und sie hat niemals ein schlechtes Gewissen bei mir erzeugt. »Mach das mal so, wie du meinst« war ein Satz, den ich oft von ihr gehört habe. Es ist der schönste Satz, den eine Frau zu ihrem Mann sagen kann. Aus Männersicht. Wenn Sie einen Kollegen haben, der so eine Frau zu Hause hat, dann haben Sie einen wirklich glücklichen Kollegen.

Ich sage: Danke, Moni. Es ist schön, mit dir verheiratet zu sein.

WIE FRAUEN TICKEN

Über 100 Fakten, die aus jedem Mann einen Frauenversteher machen
Die erweiterte Neuausgabe!

»Vielschichtig, widersprüchlich, geheimnisvoll und komplex« – so stellt sich für viele Männer das Mysterium *»Frau«* dar. Hauke Brost hat sich zusammen mit Co-Autorin Marie Theres Kroetz-Relin aufgemacht, die fremde Galaxie *»Frau«* äußerst amüsant zu erkunden. Die erweiterte Neuausgabe enthält den Sonderteil von Hauke Brost *»Wie Frauen ticken – und wie wir Männer darüber denken«.*

»Kurz, praktisch und präzise ist hier zusammengefasst, wie sich Frauen wünschen, von den Männern behandelt zu werden. Das Buch erklärt, was sich hinter so manch einer Äußerung einer Frau versteckt und wie man den weiblichen Code entschlüsseln kann.«   TOP-MAGAZIN

»Was Männer schon immer wissen wollten und nie begriffen haben. Jetzt wird das Rätsel ›Frau‹ gelöst!«   BILD

»Es ist viel Wahres dran an diesem Buch, obwohl man als Leserin nicht glauben möchte, dass man genetisch bedingt so ein widersprüchliches Wesen sein soll.«   WAZ

WIE FRAUEN TICKEN
Über 100 Fakten, die aus jedem Mann einen Frauenversteher machen
Von Hauke Brost & Marie Theres Kroetz-Relin, 312 Seiten, Broschur
ISBN 978-3-89602-812-9 | 12,90 EUR

WWW.SCHWARZKOPF-SCHWARZKOPF.DE

DIE BÜCHER VON HAUKE BROST BEI SCHWARZKOPF & SCHWARZKOPF

WIE MÄNNER TICKEN

Über 150 Fakten, die aus jeder Frau eine Männerversteherin machen
Die erweiterte Sonderausgabe!

Hauke Brost offenbart uns in diesem Buch die männliche Charakter- und Gefühlswelt – eine unverzichtbare Lektüre und nicht nur für Frauen ein absolutes Lesevergnügen.

»Alles, was Sie über den Mann als solchen (und Ihren eigenen im Speziellen) schon mal wissen wollten, steht angenehm bissig und politisch unkorrekt schwarz auf weiß.«   PETRA

»Hauke Brost verrät, was wirklich hinter den typischen Männermacken steckt.«   FREUNDIN

»Hauke Brost – der größte Männerversteher der Welt.«   BILD

»Ein absolut großes Lesevergnügen und auch wenn es in erster Linie für Frauen geschrieben ist, sollten die Männer es durchaus auch mal in die Hand nehmen. Das Buch darf und sollte in keinem Haushalt fehlen und eignet sich auch prima zum Verschenken!«

MUSICHEADQUARTER.DE

WIE MÄNNER TICKEN

Über 150 Fakten, die aus jeder Frau eine Männerversteherin machen
Von Hauke Brost, 288 Seiten, Broschur
ISBN 978-3-89602-754-2 | 12,90 EUR

WWW.SCHWARZKOPF-SCHWARZKOPF.DE

WIE TEENIES TICKEN

111 Fakten, die aus allen Eltern Teenie-Versteher machen
Der neue Bestseller von Hauke Brost!

Für sein Buch »Wie Teenies ticken« stellte Hauke Brost über tausend Teenies 111 Fragen, die alle Eltern bewegen. Die Jugendlichen sprechen über den ersten Sex und die erste Liebe, über Pickel und Hasch, Flatrate-Saufen und Schulhof-Dramen, verschwiegene Fünfen und geschwänzte Stunden. Sie beschreiben ihre eigene aufgewühlte, dramatische, manchmal wundervolle und manchmal niederschmetternde Gefühlswelt so echt und rührend, dass alle Erwachsenen »ihre« Teenies in diesem Buch entdecken werden.

»Dieses Buch ist kein Elternratgeber für Pubertätsprobleme, sondern eher ein Forum für beiderseitiges Verstehen, ein Handbuch zum Übersetzen unverständlicher Verhaltensweisen, schließlich ein kleiner Tröster in elterlicher Not.«   Neue Ruhr-Rhein Zeitung

»Hauke Brost hält sich dezent zurück und lässt vor allem die Teenies zu Wort kommen, die ihre Sicht der Dinge kommentieren. Liebe Eltern: Das sind Infos aus erster Hand, denn die eigenen Kids sagen ja (meistens) nichts.«   Augsburger Allgemeine

WIE TEENIES TICKEN
111 Fakten, die aus allen Eltern Teenie-Versteher machen
Von Hauke Brost, 288 Seiten, Taschenbuch
ISBN 978-3-89602-770-2 | 9,90 EUR

WEITERE BÜCHER BEI SCHWARZKOPF & SCHWARZKOPF

SCHLECHTER SEX

33 Frauen berichten über ihre lustigsten und peinlichsten Erlebnisse

In »Schlechter Sex« schildern Frauen jene sexuellen Begegnungen, die ihnen leider unvergesslich geblieben sind. Sie erzählen von den kleinen und großen Dramen, die sich aus einer spontanen gemeinsamen Nacht entwickeln können. Von Stellungsfehlern, grotesken Fantasien und absurden Leidenschaften, von Macht- und Minderwertigkeitskomplexen, von Traumwelten und frustrierenden Realitäten.

»Die Berliner Autorin Mia Ming hat mit ihrem Erzählband ›Schlechter Sex‹, in dem Frauen mit schlechten Liebhabern abrechnen, einen Bestseller gelandet.« Focus

Das sind sie, die kleinen und großen Dramen des Liebeslebens. Es ist gut zu wissen, dass andere ähnlich groteske Erfahrungen gemacht haben und dass man die ruhig mit Humor nehmen darf. Schlechter Sex ist wirklich keine Seltenheit. Und da in Mia Mings These von den ›schuldigen‹ Männern vielleicht sogar ein Körnchen Wahrheit steckt, sollten diese auch einen Blick in das Buch werfen.« FREUNDIN.DE

SCHLECHTER SEX

33 Frauen berichten über ihre lustigsten, peinlichsten & absurdesten Erlebnisse
Von Mia Ming, 200 Seiten, Taschenbuch
ISBN 978-3-89602-814-3 | 9,90 EUR

WWW.SCHWARZKOPF-SCHWARZKOPF.DE

WEITERE BÜCHER BEI SCHWARZKOPF & SCHWARZKOPF

111 GRÜNDE, FRAUEN ZU LIEBEN

Ein Lobgesang auf das schöne Geschlecht
Von Richard Christian Kähler

»*Die amüsanten Anekdoten über das schöne Geschlecht sorgen für unbeschwertes Lesevergnügen – nicht nur bei Männern.*« HÖRZU

»*Kähler schwärmt ebenso von Unentschlossenheit, Albernheit und Mütterlichkeit wie von den Lippen, Haaren und Kurven des weiblichen Geschlechts. Am meisten mag er an Frauen, dass sie keine Männer sind ...*« NEUE RUHR ZEITUNG

»*Der Autor hat in 111 knappen und kurzweiligen Kapiteln eine einzige Ode an das weibliche Geschlecht verfasst. 111 sehr realitätsnahe, sehr heutige Gründe, Frauen zu lieben. Und man kann eigene Gründe finden. Anlass gibt es genug.*« BADISCHE NEUESTE NACHRICHTEN

»*Natürlich sind wir Frauen liebenswert. Aber was genau mögen die Männer eigentlich an uns? In ›111 Gründe, Frauen zu lieben‹ hat Richard Christian Kähler eine Liebeserklärung verfasst.*« BRIGITTE.DE

»*Erfolgsautor Richard Christian Kähler hat die 111 wichtigsten Gründe gesammelt, warum Mann Frau lieben muss. Dieser Lobgesang auf das schöne Geschlecht ist jetzt erschienen.*« BLITZ

111 GRÜNDE, FRAUEN ZU LIEBEN
Ein Lobgesang auf das schöne Geschlecht. Von Richard Christian Kähler
200 Seiten, Taschenbuch
ISBN 978-389602-807-5 | 9,90 EUR

WWW.SCHWARZKOPF-SCHWARZKOPF.DE

DAS KUSCHELSUTRA

Eine liebevolle Hommage an die Zärtlichkeit, die allerschönste Sache der Welt!

Kuscheln ist die perfekte Art, grenzenlose Liebe zu zeigen. Also vergessen Sie Kamasutra, denn hier kommt Kuschelsutra. Kuscheln ist besser als Sex, denn Letzteren kann man auch haben, ohne dass es etwas bedeutet. Aber mit einem Fremden zu kuscheln und sich dabei wohl zu fühlen, ist fast unmöglich. Denn inniges Umarmen und Streicheln drückt Zuneigung, Hingabe und Verletzlichkeit aus.

Liebevolle Berührungen steigern die Konzentration von Glückshormonen im Körper und haben den gleichen Effekt wie Antidepressiva. Deshalb sollte sich jeder genug Zeit zum Kuscheln mit dem Partner gönnen. Dieses Buch bietet die perfekte Inspiration für Kuschelstunden auf dem Sofa oder öffentliche Zuneigungsbekundungen auf der Straße.

Jede der 48 Kuschelstellungen wird ausführlich beschrieben und illustriert. Nach der Lektüre will man nur noch eins: die Zweisamkeit zelebrieren!

»Mit einer einfachen Umarmung können zwei Menschen eine dermaßen intensive Bindung eingehen, dass Worte überflüssig sind: Die Umarmung drückt alles aus.«
ROB GRADER

DAS KUSCHELSUTRA
Eine liebevolle Hommage an die Zärtlichkeit. Von Rob Grader
120 Seiten, Hardcover im Geschenkbuchformat, durchgängig in Farbe gedruckt
ISBN 978-3-89602-853-2 | 12,90 EUR

WEITERE BÜCHER BEI SCHWARZKOPF & SCHWARZKOPF

ER! – DER MANN

Viele nützliche Informationen über die merkwürdige Welt der Männer:
Eine liebevolle Gebrauchsanweisung!

Das Männerland: Ein undurchdringlicher und geheimnisvoller Ort, an dem schon viele Frauen ihren Verstand verloren haben. Das liegt einerseits am mangelnden Einfühlungsvermögen der männlichen Spezies und andererseits an ihrem rückständigen Kommunikationssystem. Außerdem tragen die primitiven bis abstoßenden Verhaltensweisen des Mannes – Hygiene, Nahrungsaufnahme, Paarungsverhalten – auch nicht zur Geschlechterverständigung bei.

Trotzdem können Frauen es nicht lassen, sich für Männer zu interessieren, sich in sie zu verlieben oder gar mit ihnen zusammenleben zu wollen. Deshalb muss den Frauen endlich geholfen werden, und zwar mit einem Ratgeber, der sie sicher und mit vielen nützlichen Informationen durch die Welt der Männer leitet. Bevor eine Frau also in die gefährliche Welt der Männer aufbricht, sollte sie unbedingt die Tipps der Autorin befolgen. Vor allem: Reisen Sie mit leichtem Gepäck, Männer interessieren sich nicht für Ihre emotionalen Altlasten, denn sie leben im Hier und Jetzt.

Umfangreiche Übersetzungshilfen bewahren während des Aufenthalts vor den zahlreichen Kommunikationsfallen. Oder wussten Sie schon, dass der vertrauenerweckende Satz »Ich möchte die Sache langsam angehen« einfach nur bedeutet »Ich zähle bis drei und dann fasse ich dir an die Brust«?

ER! – DER MANN

Ein liebevoller Leitfaden. Von Alison Grambs
200 Seiten, Taschenbuch, ISBN 978-3-89602-850-1
9,90 EUR | Erscheint im September 2008

WWW.SCHWARZKOPF-SCHWARZKOPF.DE

WIE DIE
LIEBEN KOLLEGEN
TICKEN

W0076383